KB267544

세일즈
혁명

영업완전정복 시리즈 1권

세일즈 혁명

노진경 지음

이담 Books

머리말

영업활동을 하는 영업전문가들은 항상 자신들의 업무가 다른 업무(관리, 인사 등)들에 비해서 가치가 덜하다고 생각한다. 따라서 기회가 되면 영업업무를 벗어나고자 한다. 다른 어떤 업무보다 성과를 올리기 힘들고, 고객들을 만나서 제대로 된 상담을 하기 어렵고, 고객들의 거절과 저항을 극복하기가 어렵다 등등이 그 이유이다.

처음 회사에 입사를 해 영업부서에 배치받고 나서 제대로 된 영업역량(상담기술, 제품지식, 설득, 영업기획, 고객분석, 협상 등)을 쌓기도 전에 현장에 투입된다. 게다가 고객의 까다로운 요구와 조금은 정이 떨어지는 응대에 당황하고 그러한 반응에 정직하게 대응해서는 안 된다고 배운다. 그래서 테크닉(고객의 요구에 임기응변, 책임지지 못하는 것을 일단 약속하는, 과장되게 포장하는 등)을 구사해서라도 계약을 받아 오는 것이 유능한 영업전문가라고까지 한다. 상담 약속을 고객은 어기는 것이 당연하고 영업전문가는 어떠한 경우라도 깨서는 안 된다. 고객에게 듣기 싫은 소리를 해서는 안 된다. 고객의 요구는 당연한 것이기 때문에 영업전문가는 어떠한 경우라도 그것을 수용하는 방법을 찾아야 한다. 이러한 이유로 고객사를 설득하는 협상을 하는 것이 아니라 자신의 상사에게 도와 달라고 요청(고객의 가격할인 요구를 들어주어야 한다고 상사를 설득)한다. 그리고 더욱 문제가 되는 것은 이러한 영업전문가의 요구를 대부분의 상사는 들어준다는 것이다. 여기에 어느 영업전문가가 상사에게 영업과 관련된 문제 또는 어려운 점, 영업을 잘하기 위한 경험과 노하우, 방법들을 알려달라고 요청을 하면 **"시간이 약이다"**, **"나도 그렇게 배웠다. 경험을 쌓다 보면 저절로 알게 될 것이다"** 등등의 대답을 하는 상사가 많다.

게다가 영업을 전체적으로 이해하고 영업업무에서 성과를 올리기 위해 알아야 하는 지식과 기술들을 종합적으로 정리해 놓은 책 또한 없는 것이 현실이다. 마케팅전문가, 인사전문가, 구매전문가 등등의 말은 있어도 영업전문가라는 말은 없다. 마케팅, 구매, 인사 등은 전문적인 업무영역이라고 하면서 영업은 전문적인 업무가 아닌, 누구나 할 수 있는, 더 나아가 위의(인사, 구매…) 전문가가 될 수 없는 사람들이 영업을 하는 것으로 생각한다.

저자는 위의 생각들에 조심스럽게 반대한다. 회사의 경영을 위한 가장 중요한 자원은 무엇인가? 물론 인력, 자재, 개발, 기획업무 모두 중요하다. 이러한 업무가 있는 이유는 영업사원이 고객을 발굴하고, 기존 고객만족을 통해 고객이 자사와 지속적인 비즈니스를 하도록 하는 상품과 서비스를 개발하고 고객들에게 전해 고객이 기꺼이 구매하도록 하는 영업, 마케팅을 지원하기 위함이다. 자사의 노력에 의해 개발된 상품과 서비스를 고객이 저절로 자사가 원하는 만큼 원하는 가격으로 구매하고, 다른 경쟁사로 구매를 전환하지 않는다면 영업은 필요 없을 것이다. 그리고 자사가 펼치는 마케팅 활동(홍보, 광고, 판매채널 확보 등)으로 자사가 원하는 만큼의 매출이 저절로 발생되고 유지된다면 이 또한 영업(고객을 발굴하고 상담 약속을 하며 방문해 반대를 극복하고 고객을 설득하는 영업활동을 펼치는)은 필요 없을 것이다. 고객의 구매요구에 대응하는 업무(In Bound 영업)만 존재하니까….

하지만 현실은 그렇지 못하다. 고객은 자사와 개인의 구매비용을 어떻게든 줄이려고 한다. 비용의 절감만큼 이익이 올라가는 것이니까? 그래서 더 나은 구매조건을 제안하는 공급업체를 끊임없이 찾거나 판매조건의 변경을 끊임없이 요구한다. 경쟁사 또한 자사의 고객을 가만두지 않는다. 어떻게든 자신의 고객으로 만들기 위해 새로운 판매조건과 개선된 상품과 서비스로 경쟁사의 고객을 접촉하고 흔든다(자사도 경정사 고객을 대상으로 이러한 활동을 한다). 어떤 이유로 고객들은 더 나은 문제해결의 도구와 방법을 찾는데 때로는 최선의 선택이 아니라 차선의 선택을 한다. 왜냐하면 그들이 영업전문가가 판매하는 제품의 가치를 모르기 때문이거나 지금의 거래처와의 특수한 관계 때문이기도 하다. 대 고객활동의 부족으로 고객들은 자신들이 가진 문제를 해결하고 원하는 이익과 편리함을 제공해 즈는 상품을 잘 모르거나 시간적인 한계로 차선을 선택하게 된다. 때로는 자신들이 어떤 문제를 해결해야 원하는 이익과 편리함을 누릴 수 있는지조차 모를 때도 있다. 이런 이유 때문에 고객도 때로는 유능한 영업전문가(자신의 문제를 해결하는 데 최선의 솔루션―상품과 서비스―을 알려 주는)를 원한다.

따라서 영업전문가는 ① 자사의 고객이 경쟁사로 이동하는 것을 막기 위해, ② 경쟁사의 고객을 자사의 고객으로 유치하기 위해, ③ 고객들이 모르는 상품과 서비스의 가치를 인식시켜 기꺼이 구매하도록 하기 위해, ④ 새로운 영역, 시장으로의 진출을 위해, ⑤ 기존 고객들이 더 많은 구매를 하도록 하기 위해, ⑥ 고객들이 모르는 문제를 발견하도록 도와주고 더 많은 이익을 위해 구매하도록 설득하기 위해, ⑦ 자사의 기술로 고객사의 경영목표를 달성하는 데 지원을 조건으로 비즈니스 계약을 성사시키기 위해, ⑧ 더 나은 조건으로 판매를 위한 협상을 위해, ⑨ 구매결정을 망설이는 고객들의 구매결정을 지원하기 위해서 영업업무 활동을 한다. 이러한 업무 활동의 가장 중요한 목표는 자사의 성장과 발전을 위한 자원(돈)을 확보하는 것이다.

이렇게 본다면 어떻게 영업이 아무나 할 수 있는 업무이고, 시간이 해결하고, 현장에서 부딪히다 보면 성과를 올리는 업무라 할 수 있겠는가? 그리고 영업업무가 어떻게 다른 업무에 비해 가치가 덜하다고 할 수 있고, 영업업무를 수행하는 사람들의 존재감을 떨어뜨릴 수 있겠는가?

저자는 영업사원을 다른 이름으로 불러야 한다고 본다. 지금부터는 영업전문가로 부르고자 한다. 더 나은 이름인 고객 비즈니스 파트너라는 말도 있다. 영업도 전문가의 시대이다. 더 중요한 것은 고객이 상품과 서비스를 구매하는 이유와 구매를 통해 얻는 이익을 생각해 볼 때 영업전문가는 단순이 상품과 서비스를 판매하는 판매사원이 아니다. 영업전문가는 고객(기업이든 개인이든)의 문제(업무상의 문제든 생활의 불편함이든)를 발굴, 해결해 주고 그들이 원하는 이익과 편리함을 누리도록 지원해 주는 비즈니스 전문가이자 고객들의 문제를 해결해 주는 문제해결자(찾아오는 고객에게)이자 컨설턴트(찾아가는 고객에게)이다.

이 책을 쓰게 된 이유도 이저는 영업전문가는 고객의 문제해결자이자 비즈니스 컨설턴트로 성과를 올리는 데 도움이 되는 전문서적이 필요하다는 생각에서 시작하였다. 영업업무와 관련된 지식과 기술들을 정리하고 영업전문가들이 현업에서 부딪히는 많은 애로사항들을 해결하는 데 도움을 주고자 하는 의도에서 시작하였다. 앞으로 연속되는 시리즈를 통해 영업전문가가 갖추어야 하는 비즈니스 스킬에 대해 소개할 것이다.

노진경

서문

영업은 마케팅의 기능 중 하나이다. 마케팅을 학문으로 만든 학자들은 영업을 마케팅의 기능 중 인적 판매를 통한 프로모션으로 정의하였다. 이것에 대해서는 이견이 없다. 중요한 것은 마케팅의 역할과 수행방법, 지식, 기술과 영업의 역할과 그 수행방법, 지식, 기술이 다르다는 것이다. 그리고 마케팅이 가진 한계 또한 있다. 마케팅의 정의를 보면 "기업이 생산한 재화와 용역…"

여기서 모든 조직이 가진 어려움은 마케팅 활동만으로 충분한 (자사가 원하는 만큼의) 매출을 올리지 못한다는 것이다. 그 이유로는 ① 소비자의 인식과 구매행동의 전략화, ② 경쟁사의 출현, ③ 고객의 신중한 구매의사결정, ④ 대체제의 출현, ⑤ 기술적인 우위의 한계 등이 그 원인이다. B2C 영업인 소비재든 B2B 영업인 산업재든 마찬가지이다. 특히 산업재의 경우 기술적인 우위의 한계와 시장의 한계 등으로 마케팅활동 자체가 한계를 가진다.

또한 영업을 바라보는 관점이 바뀌어야 한다. 영업업무를 하는 영업전문가들을 대상으로 강의하면서 느끼는 한계는 영업전문가 스스로 자신의 업무(영업)의 가치를 낮게 바라보고 있다는 것이다. 그리고 기회가 되면 언젠가는 떠나고 싶은, 다른 누구에게도 추천하고 싶지 않은 힘들고 어렵고 고달프고 하기 싫은 일로 본다는 것이다.

조직 차원에서도 영업업무를 수행하는 직원들을 체계적인 훈련 없이 영업현장에 투입하고 있다. 쉽게 말해서 맨땅에 헤딩하는 방식으로 영업을 배우라고 한다. 준비 없이, 특히 고객의 구매프로세스, 구매관계자 공략, 자사의 상품과 서비스가 고객사의 업무성과와 경영에 미치는 영향과 이익에 대한 확신과 지식, 설득력 있는 자료 없이, 구매부 직원과의 업무수행 방법과 영업 협상을 수행할 수 있는 능력에 대한 준비 없이 영업업무를 하라고 한다. 업무수행 중 부딪치는 다양한 상황에 대해서는 그때그때 임기응변식으로 대응하는 것이 유능한 영업전문가라고 생각한다.

모든 기업이 이러한 식으로 영업업무를 한다면 그나마 다행일 수 있다. 하지만 문제는 자사는 이렇게 주먹구구식으로 영업을 가르치고 영업전문가 또는 이러한 방식으로 영업활동을 하는 것이 당연하다고 여기고 있는데 다른 경쟁사와 다른 영업전문가는 체계적인 훈련과 교육을 통해 고객과 상담을 할 수 있는 준비를 갖춘 후 영업현장에 투입한다는 것이다. 자사는 6개월의 기간 동안 현장에서 고객과 부딪히면서 영업하지만 성과는 없거나 미미하다. 경쟁사는 1개월 만에 계약을 받아 온다. 누가 더 나은 성과를 올리겠는가? 누가 경쟁력을 갖춘 영업전문가가 되겠는가? 누가 더 동기부여가 되겠는가? 그리고 6개월간 맨땅에 헤딩하면서 투입된 많은 비용은 누가 책임지는가?

이 시리즈는 영업전문가들을 위한 또는 영업전문가가 되기를 원하는 사람들을 위해 영업의 전반적인 부분과 지식, 스킬을 제공하고자 하는 목적으로 쓰였다. 영업의 두 가지 목표(매출 향상과 이익률 확보)와 전략, 전략수행을 위한 전술 그리고 각 영업전문가의 전투력(영업스킬들), 다양한 상황에 대응하는 융통성과 대응능력, 영업의 유형에 따른 업무수행능력 등을 다룬다.

모든 지식과 기술을 담을 수 없는 것이 안타까울 뿐이다. 비록 시작에 불과하지만 이 책을 통해 영업업무의 가치를 재인식하고 영업사원에서 영업전문가가 되는 데 작은 도움이라도 되었으면 하는 기대를 갖는다.

차례

contents

영업의 이해

Chapter 1. 영업의 이해

일반적으로 "영업은 상품을 판매하는 것이다"라고 말한다. 맞는 이야기이다. 그럼 영업업무가 존재하는 이유는 무엇일까? 서문에서도 밝혔지만 자사가 개발한 상품과 서비스를 고객이 자발적으로 구매한다면 마케팅 활동(광고, 홍보 등 프로모션 전략과 판매채널 전략)으로 충분할 것이다. 자사가 개발한 제품이 탁월한 기술적 우위를 가진 유일한 제품이라면 이 또한 고객이 매출을 일으켜 줄 것이다. 경쟁이 치열하지 않고 고객의 입장에서 선택의 기회가 적거나 없다면 마케팅 활동으로 충분한 매출이 발생하게 할 수 있을 것이다.

하지만 현실에서는 다양한 이유로 기업이 기대하는 만큼의 매출이 발생하지 않는다. 이를 극복하기 위해 더 많은 유통채널을 확보하고, 광고와 홍보활동 강화 등에 더 많은 투자를 해도 매출은 늘 변동하고 기대에 못 미친다. 다양한 마케팅 활동이 주요 판매방식인 생활 소비재의 경우에도 이러한데 제한된 판매채널과 마케팅 활동의 한계, 시장의 한계라는 환경을 가진 산업재와 중간재, 원자재, IT업계 등은 더 큰 어려움을 겪고 있는 것이 사실이다. 따라서 이러한 한계를 극복하고 조직이 원하는 매출을 달성하기 위해 영업활동이 요구된다.

영업 형태에는 생활 소비재의 경우 루트(판매채널)를 관리하는 영업활동, 대리점이나 소매상을 중심으로 하는 영업활동, 대형 할인점 등을 중심으로 하는 영업활동, 프랜차이즈(대부분 음식업종)를 관리하는 영업활동과 개별 기업 또는 고객을 중심으로 하는 영업활동(자동차, 보험 등)이 있으며, 매장을 찾아오는 고객들(전자상가, 전문점—하이마트, 디지털프라자 등)을 대상으로 하는 점두 판매 영업활동 등 다양하다. 산업재 또는 중간재, IT업계 등은 개별 기업을 대상으로 하는 영업활동(B2B)과 유통채널(대리점 등)을 중심으로 하는 영업활동으로 구분된다. 제약업계의 경우에는 대리점, 병원, 약국을 대상으로 영업활동을 전개한다.

어떠한 형태의 영업이든 영업활동은 고객을 만나 고객을 설득해 비즈니스 관계(거래관계)를 맺는 것이다. 영업활동의 대상인 개인(최종고객, 개인 자영업자—대리점 등)이나 기업들은 하나의 궁극적인 목적이 있다. 그것은 자신들의 경제적인 목표를 달성하는 것이다. 비즈니스가 아닌 개인적인 생활을 위해 구매하는 고객들은 삶에서 얻고, 누리고자 하는 필요와 편리함 그리고 채우고자 하는 욕구가 궁극적인 목표이다. 이러한 목표달성을 위해 이들은 필요한 제품과 서비스를 구매한다. 때로는 자발적으로, 때로는 영업전문가의 제안에 의해… 어떠한 경우든 고객들은 자신의 필요와 욕구 충족을 위해 구매하는 것이다. B2B 영업활동의 고객인 조직은 자신의 조직을 지속적으로 성장시키는 것이 구매하는 궁극적인 도표이다. 그리고 이 목표달성을 위한 방법으로 수행할 전략, 해결할 문제 등을 위해 조직 외부의 자원을 구매한다.

고객은 자신의 욕구와 필요가 무엇인지 모를 수도 있다. 자신의 필요와 욕구를 해결할 수 있는 제품과 서비스가 있는지조차도 모를 수 있다. 지나친 광고와 정브 과다로 선택을 망설이거나 포기할 수도 있다. 최선보다는 차선을 선택하기도 한다. 제품과 서비스에 대한 지식이 부족할 수도 있다. 자신들이 더 많은 경제적인 이익을 누릴 수 있는데 그 방법을 모를 수도 있다. 안다고 하더라도 여러 가지 이유로 구매를 연기하거나 포기하거나 다른 선택을 한다. 대부분 소비재의 경우 이러한 문제를 마케팅활동으로 해결하고자 한다—판촉, 할인행사, 유통채널 확보, 광고·홍보 등.

하지간 B2B 비즈니스의 경으 이러한 문제를 마케팅활동으로 커버하기에는 투자 대비 효율이 비경제적이다. 이러한 이유로 더 적극적이고 전문적인 영업활동이 요구되는 것이다.

영업은 마케팅의 프로모션 전략 중 인적 판매활동이라고 한다. 하지만 영업업무를 수행하는 방법이나 목표, 전략, 전술 등, 영업의 성고를 위해 요구되는 역량들은 마케팅 지식과 기술과 다르다. 영업을 올바르게 이해해야 하는 이유가 여기에 있다. 이번 시리즈

에서는 영업에 대한 새로운 이해와 성과향상(매출 향상과 이익확
보/보호)을 위한 지식과 기술들 그리고 영업현장에서 발생하는 다
양한 상황에 대한 이해와 대응능력, 고객의 유형과 스타일에 따른
대응능력 등 영업의 전반적인 부분을 새로운 관점에서 조명해 본다.

① 영업의 역할과 가치

국내 유명한 프랜차이즈 영업전문가가 필자의 강의에 참석하였
다. 강의를 진행하던 중 "어떤 형태의 영업을 하는가?"라는 질문
을 던졌다. 그분은 본사 마케팅팀에서 결정한 프로모션 전략을 프
랜차이즈 점주를 만나 각 프랜차이즈가 본사의 프로모션 전략을
실행하도록 설득(때로는 필요한 투자까지…)하는 것이 주요 업무
라고 하였다. 그래서 "그럼 각 프랜차이즈가 위치한 시장의 상황
과 고객층 등이 다른데 이 문제는 어떻게 해결하는가?"라는 질문
을 던지자 그분은 "그런 것은 모른다. 본사가 정한 프로모션 전략
을 전달하고 설득하는 것에 집중한다"고 하였다. "그럼 가맹점주
들은 그 전략을 기꺼이 채택하는가?"라는 질문에 "그렇지 않다.
그분들을 설득하기가 어렵다. 이것이 내가 영업을 힘들어하고 어
려워하는 이유다"라고 대답하였다.

필자는 강의하면서 "고객들이 왜 자사의 상품과 서비스를 구매
하는지? 그것을 통해 그들은 어떤 이익을 얻고 어떠한 문제를 해

결하는가?"라는 질문을 많이 던진다. 대부분의 참석자들은 "내가 필요하니까 구매한다"고 한다. "그럼 그 필요가 무엇인가?"라는 질문에는 명쾌한 대답을 하지 못한다.

이 글을 읽는 당신은 어떻게 대답하겠는가?

마케팅이 일정 규모의 표적시장(Segmentation)에서 특정 고객(Target)을 대상으로 자사의 상품과 서비스의 가치(Positioning)를 인식하도록 해 자발적인 구매결정을 하도록 하는 비즈니스 활동이라면, 영업은 특정 지역, 산업의 고객(개인, 기업)들 전체가 아닌 개개의 고객(기업, 개인, 대리점, 할인점 등)에게 접근해 자사의 상품과 서비스가 가진 가치(욕구충족과 문제해결)를 제안하고 다양한 영업활동(제안서, 프레젠테이션, 시연, 샘플 제공, 협상 등)을 통해 고객이 구매결정(경쟁사를 물리치고, 수정구매를 하도록 하는 등)을 하도록 설득하는 적극적인 비즈니스 활동이다.

따라서 영업의 역할은 자사가 생산한 제품과 서비스(정해진 SPEC)를 고객에게 맞는 메시지(개별 고객의 니즈를 개발—충족시키는)로 전달해 자사의 매출을 올리는 역할을 한다. 기업의 모든 업무와 기능이 중요하다. 이 모든 업무와 기능은 결국 자사의 경쟁력을 확보하고 매출을 올리기 위한 활동에 집중된다. 자사의 모든 내부업무 활동의 결과인 상품과 서비스를 고객이 구매하지 않는다면 어떠한 결과가 초래되겠는가? 이러한 바람직한 결과(고객의 구매)를 창출하기 위해서 영업전문가는 가망고객을 찾아가 구매를 유도하는 영업활동을 전개하는 것이다. 자사의 지속적인 성장과 발전에 필요한 가장 중요한 자원인 돈을 벌어 오는 직접적인 활동을 영업이 하는 것이다. 물론 다른 부서의 지원과 참여가 있어야만 가능한 일이다.

영업은 자사의 역량과 능력(고객의 문제해결과 욕구충족)을 개별고객에게 알리고 그들이 원하는 것을 자사의 관련 부서에 전달하는 정보제공자로서의 역할도 한다. 산업에서 자사의 경쟁사를 파악하고 경쟁력을 강화할 수 있는 아이디어를 자사에 전달한다. 새로운 시장을 개척해 자사의 경쟁력과 경영범위를 확대한다.

영업전문가는 회사의 모든 능력을 뒤에 업고 고객을 만나 영업활동을 하고, 경쟁사의 공격을 극복하는 최전선의 전투원이자 회사를 대표하는 역할을 한다. 이러한 영업전문가를 아무런 준비 없이 시장에 내놓아서는 결국 자사의 실패(목표달성 실패 및 고비용 영업활동)로 끝날 것이다. 영업전문가 스스로도 이러한 한계를 극복하는 노력(자기계발과 준비)을 하여야 한다.

영업의 가치는 영업전문가의 개인적인 능력과 자사의 역량을 중심으로 비즈니스를 만들어 가는 장점이 있다. 다른 어떤 업무보다 영업전문가 개개인의 역량과 인간적인 매력을 발휘할 수 있는 업무이다. 신규 고객을 발굴하고, 경쟁사 고객을 자사로 돌리고, 기존 고객에게 추가판매를 하고 경쟁사의 공격을 받는 기존 고객을 보호하며, 새로운 지역 또는 산업으로 비즈니스를 확대하는 매력이 있다. 새로운 시장의 흐름과 고객의 트렌드를 누구보다 빨리 파악할 수 있다. 다양한 영업활동(제안서, 프레젠테이션, 시연, 협상 등)에 요구되는 역량을 개발하고 발휘할 수도 있다. 제대로 된 영업활동을 한다면….

또한 고객으로부터는 그들의 비즈니스와 업무상의 문제를 해결해 주는 전문가로 인정받아야 한다. 고객들이 기꺼이 많은 돈을 주고 제품과 서비스를 구매하는 이유가 어디 있겠는가? 자신들의 편의와 불편함의 제거, 문제의 해결, 목표의 달성을 위해 구매하는 것이다. 따라서 고객에게 영업전문가는 자신과 자사의 문제를 해결하는 방법을 알려 주고 그들이 원하는 목표를 달성하는 방해가 되는 장애물을 제거하는 방법과 목표를 달성하는 방법(상품과 서비스의 가치)을 알려 주는 비즈니스 전문가인 것이다.

영업전문가는 이러한 고객의 기대에 맞는 전문가로서의 능력과 기술, 지식을 쌓아야 한다. 고객이 반기는, 고객이 만나기를 기대하는, 고객을 찾아가면 기다리는 전문가가 되어야 한다. 영업의 성과를 올리기 위해 요구되는 능력과 지식은 어떤 상품과 서비스를 다루는가에 있는 것이 아니다. 자사의 상품과 서비스 그리고 자사의 역량으로 영업전문가가 만나는 고객의 비즈니스와 업무, 고객기업의 산업, 고객시장의 변화, 고객이 해결하고자 하는 문제와 달성하고자 하는 목표를 달성하도록 지원할 수 있는 능력이 요구되는 것이다. 이런 가치를 고객에게 보여 주기 위해 영업전문가는 자사의 상품과 서비스, 자사의 가치와 역량에 대한 지식을 가장 기본적으로 갖추어야 한다.

② 바람직한 영업활동

영업의 성과는 조직의 성장과 발전에 직접적인 영향을 미친다. 영업전문가들은 자신들의 성과(매출과 이익률) 달성과 향상에 모든 것을 집중한다. 다른 업무도 마찬가지이지만 특히 영업의 경우 성과 달성을 하지 못하면 직접적이고 치명적으로 조직의 성장과 발전에 영향을 미친다.

영업전문가는 영업의 성과(매출)에 집중하는 만큼 이제는 성과(매출)의 효율성(이익률)도 고려하여야 한다. 이것은 매출의 이익률, 비용대비 성과를 무시해서는 안 된다는 것이다. 동일한 금액의 계약서를 받아 오더라도 각 계약서의 이익률은 다를 경우가 많다. 바람직한 계약서는 당연히 이익률이 높은 것이다. 이 이익률은 판매 조건이 결정한다. "판매조건 중 가장 중요한 것이 무엇인가?"라는 질문을 하면 대부분 "가격이다"라고 대답한다. 맞는 말이다. 하지만 '가격이 중요하다. 하지만 계약을 원한다면 일단 가격이 싸거나 깎아 주어야 한다'고 영업전문가로 하여금 인식하게 만드는 것은 영업전문가가 아니고 고객이다. 즉, 고객은 구매비용 절감이라는 가장 중요한 목표를 쉽게 달성할 수 있는 방법으로 가격을 강조한다. 가끔은 자신들의 긴급한 문제해결을 위해 자사의 판매조건을 원한 대로 구매해 가는 고객도 있지 않은가? 그들은 왜 그렇게 하겠는가? 당신의 대답은 무엇인가?

비록 고객은 가격을 중요하게 생각하고 가격을 조정하자 하더라도 영업전문가는 계약의 이익률을 생각해 다양한 조건들을 유리하게 이끌어 낼 수 있어야 한다. 이를 위해서는 가치 영업과 협상 영업을 구분하고 그 수행역량과 수행방법을 알아야 한다. 가장 이상적인 영업활동의 성과는 회사의 표준 계약서대로 계약을 받아 오는 것이다. 즉, 협상하지 않고 상품과 서비스의 가치를 고객이 그대로 인정하고 초기 조건대로 구매하도록 하는 것이다. 이것에 대해서는 앞으로 계속 강조할 것이고 달성이 쉽지는 않지만 그 방법을 하나씩 알아보기로 한다.

또한 영업활동과정에 투입한 영업비용(시간, 기회비용, 유류비, 접대, 제안서 제공과 수정, 샘플제공 등등)이 높은 계약서는 그렇지 않은 계약서에 비해 이익률이 떨어질 것이다. 영업조직과 영업전문가는 영업의 경쟁력을 올리기 위해 영업비용에 대해 신경을 쓰고 비용 대비 성과를 강화하는 영업활동을 찾고 실행하여야 한다. 이를 위해서 영업업무를 혁신하고 영업전문가가 올바른 영업성과를 위해 어떤 활동을 해야 하는지를 파악해 그 활동의 성과와 핵심 역량을 정의하고 그 활동을 최고로 수행할 수 있는 훈련과 툴, 도구들을 개발하여야 한다. 예를 들어 신규고객을 발굴한 후 상담약속을 잡기 위해 전화를 거는 횟수와 성공률을 분석해 보라. 전화를 거는 것이 얼마나 비용이 들어가는가 하고 생각한다면 그 생각부터 버려라. 일반적으로 알고 있는 통화료 외 기회비용(다른 고객에게 전화를 걸지 못하는 것, 방문시간이 줄어드는 것, 기존 고객의 문의에 늦게 대응하는 것, 실패에 따른 심리적인 위축 등

등)이 엄청나다는 것을 알아야 한다. 이 비용을 줄인다면 가시적인 통신비용을 줄이는 것 외 기회비용을 줄이거나 성과지향적인 활동에 집중할 수 있을 것이다.

③ 고객이 원하는 영업활동과 영업전문가

"고객은 어떤 영업전문가와 일을 함께하고 싶어 할까?" "고객들은 왜 영업전문가의 방문을 반기지 않을까?" 그리고 "가끔은 고객이 먼저 영업전문가를 찾는 이유는 무엇일까?" 이 물음에 답을 하기 전에 한 가지 더 질문하고자 한다. 그 질문은 "영업전문가는 고객을 얼마나 이해(고객의 비즈니스, 업무상의 고민, 구매과정에서의 역할, 달성하고자 하는 목표, 스타일 등)하고 적절한 준비를 한 상태에서 고객을 방문하는가?"이다.

하루 일과 중 고객을 방문하고 고객에게 전화를 거는 활동은 영업전문가의 주요 업무 내용이고 일과 중 상당한 부분을 차지한다. 아니 거의 다가 아닌가 한다. 하지만 고객은 자신의 일과 중 영업전문가를 만나는 일이 어느 정도의 비중을 차지할까? 대부분의 경우 거의 일과에 포함되지 않는 것이 사실이다. 고객이 영업전문가의 방문을 요청하였거나 만날 필요를 갖고 있는 경우에는 물론 일과에 포함된다. 문제는 이러한 경우가 거의 없거나 드물다는 것이다. 있다고 하더라도 고객은 이것을 영업전문가가 알기를 원하지 않는다.

아직도 '영업활동은 몸으로 때우는 것이고, 일단 방문을 하다 보면 영업의 기회가 올 것이다. 한 번 만나 준 고객은 끈질기게 물고 늘어져야 한다. 고객을 방문하는 데 고객의 상황을 고려하지 말고 무조건 찾아가라. 고객은 잘 모르니까 언변으로 고객을 구워 삶아야 한다. 고객이 말을 많이 하게 하지 마라. 경쟁사는 무조건 깎아 내려라. 자신의 상품과 서비스가 최고라고 이야기하라. 필요하면 조건을 양보하고 가격을 깎아 줘라. 고객은 가만두면 결정하지 않는다. 따라서 기회가 될 때마다 고객을 자극하고 흔들어라. 임기응변으로 고객을 설득하라. 책임은 나중에 어떻게든 해결하면 된다' 하는 관점으로 영업업무를 바라보고 그렇게 활동한다면 영업업무는 지겹고, 힘들고, 하기 싫고, 벗어나고 싶은 일이라고 단정할 것이다. 우리가 버려야 하는 잘못된 시각이다.

오늘날의 산업과 시장에서 상품과 서비스가 존재하고 거래가 일어나는 것은 어떠한 이유로든 필요로 하는 고객(사람, 기업)들이 있기 때문이고 그들이 구매하기 때문이다. 그 과정이 고객 스스로 판단하고 의사결정을 한 것이든, 누군가의 소개에 의해서든, 영업전문가의 활동에 의해서든…. 이 사실이 시사하는 바는 고객은 자신들에게 필요한 상품과 서비스는 구매가 발생한다는 것이다. 과거 공급이 수요를 따라가지 못할 때 이러한 구매는 저절로 발생하였다. 고객들에게 상품과 서비스의 존재를 알리기만 하면(마케팅－홍보) 되었다. 심지어는 고객이 알아서 찾아온다. 하지만 오늘날의 현실은 다르다. 공급이 수요를 초과하고 있다. 고객들이 현명해지고 전략적으로 구매하며 다양한 도구와 매체를 통해 상품과 서비스를 비교 분석하고 결정한다.

여기서 우리가 알아야 중요한 사실은 수요가 공급을 초과하든, 공급이 수요를 초과하든 고객은 자신의 필요에 의해 상품과 서비스를 구매한다는 것이다. 영업은 이러한 고객을 발굴하고 그들의 필요를 채워 줄 수 있는 상품과 서비스를 1:1로 고객을 만나 구매를 유도하는 활동이다. 다시 한 번 강조하지만 고객이 원하는 것은 상품과 서비스의 SPEC이 아니고 자신의 필요를 해결하는 것이다.

고객은 자신의 필요를 채워 줄 수 있는 솔루션을 가진 영업전문가를 원한다. 자신의 비즈니스를 이해하고 비즈니스와 관련된 필요(문제해결)를 해소해 줄 수 있는 영업전문가를 원한다. 자신의 시간을 기꺼이 투자하도록 하는 가치 있는 정보로 상담을 전개하는 영업전문가를 원한다. 자신의 말(상품, 서비스 자랑 등)만 하는 영업전문가보다는 고객의 말을 경청하는 영업전문가를 원한다. 고객은 자신이 배울 수 있는 지식과 능력을 갖춘 영업전문가를 원한다. 자신의 문제와 욕구, 필요 중심으로 커뮤니케이션을 할 수 있는 영업전문가를 환영한다. 경쟁사를 비난하지 않고 인정하는 수준 높은 영업전문가를 원한다. 고객의 시간을 소중하게 생각하는 영업전문가를 원한다. 성과가 뛰어난 영업전문가와 일하기를 바란다. 자신의 일을 좋아하고 사랑하는 영업전문가가 고객에게는 매력이 있다. 인간적인 매력(이미지, 태도 등)과 비즈니스 매너를 갖춘 영업전문가를 원한다. 처음과 끝이 한결같은 영업전문가를 원한다. 계약 후를 더 소중하게 여기는 영업전문가를 원한다. 모든 약속을 철저히 지키는 영업전문가를 원한다.

고객은 자신이 원하는 능력을 갖춘 영업전문가와 일을 하고 싶어 한다는 것을 영업전문가는 알아야 한다. 남들이 다 하는 만큼 열심히 일을 하는 것이 아니고 제대로 열심히 일을 할 수 있어야 한다. 스스로 공부하고 자기개발을 하여야 한다. 고객과 고객의 업무와 비즈니스에 대해 심각한 토론을 할 수 있을 정도의 지식을 쌓아야 한다. 자신의 인간적인 매력을 개발하여야 한다. 다음은 어느 고객이 영업전문가에게 보낸 편지이다.

수신: 모든 영업전문가들에게
발신: 최고의 고객

여러분은 늘 나의 소중한 시간을 내달라고 하였습니다. 여러분도 일을 하는 비즈니스 전문가들이니 그런 것이라고 이해합니다. 그러나 나에게 시간을 내 달라고 하는 모든 영업전문가를 만난다면 나는 나의 일을 할 시간이 없습니다. 나는 이 사실을 여러분도 이해하리라 믿습니다. 여러분이 아래의 조건에 부합한다면 나는 여러분이 만나자는 요청에 응하겠습니다.

- 나의 욕구, 경험, 업무, 해결할 문제 등에 대해 알기 전에는 그 어떤 것도 팔려고 하지 마시오.

- 거래를 하자고 나를 몰아세우지 마시오. 그렇게 하면 나는 더욱 냉담해질 것이오. 왜 내가 구매를 해야 하는지 나의 입장에서 설명하시오.

- 경쟁자를 비난하지 마시오. 건설적이고 실질적인 비교는 무방하지만 터무니없는 비방은 삼가시오. 그것은 내게 아무런 도움이 되지 않는다오. 판단은 내가 하는 것입니다.

- 간단하고 명료하게 그리고 확신을 갖고 말을 하시오. 횡설수설은 참기 힘듭니다. 논리적으로 전문가답게 말하시오.

- 판매하려는 상품의 SPEC 자랑보다는 최고의 해결책과 문제해결 가능성. 내가 얻을 수 있는 혜택에 대해 제안하시오. 당신의 이익과 자랑에 나는 관심이 없다는 것을 아시오. 매력적인 제안을 하시오.

- 내가 배울 수 있는 사람이 되시오. 내 일에 대해 공부하고 내 분야에 관심이 있다는 것을 보이시오. 내 분야의 미래에 대해 알고 오시오. 그렇지 않으면 나는 설득당하지 않을 것이오.

- 여러분이 말을 한 만큼 들을 준비도 하시오. 같은 말을 되풀이해서 나의 시간을 빼앗지 마시오.

- 나는 당신들이 왜 나를 만나는지 알고 있소. 이젠 내가 왜 당신들을 만나야 하는지를 알고 납득시키시오.

위와 같은 준비가 된 세일즈맨이라면 나는 기꺼이 만날 것이오.

― 크리스 라이틀, 『풀코스 서비스로 팔아라』 중에서 편역

위의 편지가 시사하는 바를 잘 이해하고 소화해 영업전문가로

서의 요구되는 능력을 개발하고 준비해야 영업전문가로서 로부터 인정받고 자신의 비전과 경력을 쌓을 수 있을 것이다.

이러한 영업전문가가 되기 위해서는 기존의 영업전문가의 활동과 고객과의 관계에서 버려야 하는 것과 새롭게 가져야 할 패러다임이 있다.

1) 버려야 하는 패러다임

필자는 영업강의를 하면서 참석자들에게 *"영업을 하면서 가장 힘든 것이 무엇인가? 왜 영업을 힘들어하는가? 고객들이 가장 많이 요구하는 것이 무엇이고 무엇을 대응하기 어려운가?"*라는 질문을 연속적으로 던진다. 대부분의 답은 '*가격 조정*', '*설득이 어렵다*', '*품질조정*', '*납기*', '*결제조건과 방법*' 등의 답이 나온다. 당신의 대답도 같은가? 여기에 또 하나의 질문을 덧붙인다. *"당신이 주로 상담을 하는 고객은 누구인가? 위의 내용을 이야기하는 고객은 누구인가?"* 이 질문에 대한 답은 거의 100% '*구매부*'라는 답이 나온다.

여기서 또 하나의 결정적인 질문을 던진다. *"그럼 구매부가 하는 역할은 무엇인가? 즉, 고객기업의 이번 비즈니스를 위해 구매부는 무슨 역할을 하는가?"*라는 질문이다. 당연히 답은 *"그들은 구매업무를 한다"*이다. 맞는 말이다. 그 다음의 결정적인 마무리 질문으로 *"영업의 궁극적인 모습은 어떤 것인가? 영업의 성과인*

*계약서의 이익수준을 결정하는 것은 무엇인가? 영업과 영업협상은 다른 것인가? 같은 것인가? 왜 고객들은 구매를 하는가? 구매를 통해 얻는 이익과 해결하는 문제는 무엇인가? 구매부가 구매한 상품과 서비스를 누가 사용하고 왜 그것을 그들이 구매하지 않고 구매부를 통해서 구매를 한다고 생각하는가?"*라는 질문을 던진다. 당신은 위의 질문에 어떤 답을 하겠는가? 당신의 답에 따라 당신이 영업전문가로서 영업에 대한 시각과 고객에 대한 관점이 다르다. 그 결과 영업활동의 기본적인 생각과 방향 역시 달라진다.

영업전문가가 가장 쉽게 만날 수 있는 고객이 구매부이다. 기업고객은 외부의 영업전문가를 현업부서가 대응하기보다는 구매부에서 일괄적으로 대응하기를 바란다. 이 기업고객의 구매프로세스와 구매관계자 그리고 그들의 역할에 대해서는 뒤에서 알아볼 것이다.

우리는 영업을 바라보는 시각과 영업전문가의 역할에 대한 재정립을 해야 한다. 잘못된 시각과 역할은 영업을 힘들게 한다. 즉, 영업에 대해 갖고 있는 오래된 패러다임은, 영업전문가들은 다음과 같은 활동과 태도를 가져야 한다는 것이다. 이러한 패러다임은 그것에 적합한 영업활동을 하도록 한다. 영업이 힘든 이유, 영업업무를 꺼리는 이유가 여기에 있다고 할 수 있다.

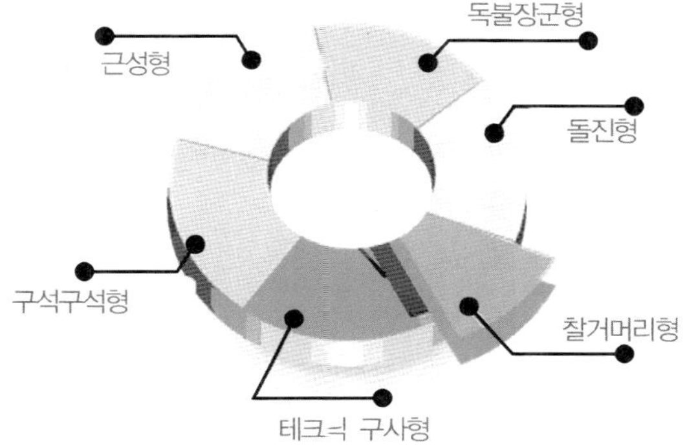

〈**그림 1 - 1**〉 버려야 하는 영업의 패러다임

위의 패러다임 각각에 대해서는 설명하지 않을 것이다. 문제는 이러한 패러다임에 기본을 둔 영업활동에 대한 고객의 반응은 영업전문가들의 방문을 꺼리고, 영업전문가들은 입만 벌리면 거짓말을 하고, 말로 업무를 보는 것이며, 잘못 걸리면 물건을 사야 하고, 물건을 팔 때는 모든 것을 다 준다고 하고는 판 다음에는 태도가 180도 바뀐다 등등이다. 이러한 시각으로 영업전문가를 본다면 누가 영업전문가를 만나 주고 시간을 내어 줄 것인가? 당신도 영업전문가로서 위의 패러다임을 갖고 있다면 영업활동을 하는 데 많은 장애물들을 만났을 것이다.

이제는 새로운 패러다임으로 영업을 보고 고객을 바라보며, 고객이 반기고 환영하는 영업전문가가 되어야 한다. 그러기 위해서는 위 그림의 패러다임을 완전히 잊고 새로운 패러다임을 가져야 한다. 그것이 다음의 그림에 나타나 있다.

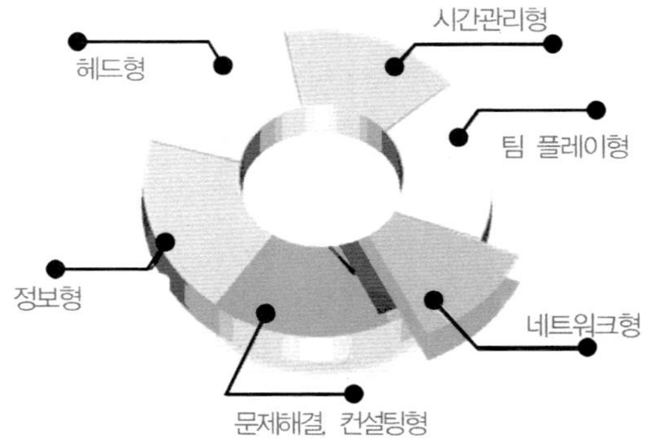

〈그림 1-2〉 가져야 하는 영업의 패러다임

새로운 패러다임은 고객이 원하는 것이다. 고객은 유능하고 준비가 갖추어져 있으며 자신의 비즈니스와 업무, 구매 이유를 명확하게 이해하고 도움을 주는 영업전문가를 원한다. 그리고 인간적으로 매력이 있고 성숙한 커뮤니케이션을 할 수 있는 영업전문가를 원한다.

① 헤드형: 지식과 지혜를 갖추어야 한다. 지식은 고객의 비즈니스에 대한 지식이다. 이제 몸으로 때우는 식의 영업은 지양해야 한다. 고객의 산업, 경쟁구도, 고객의 고객인 소비자의 트렌드, 미래 흐름 등을 알고 그것들이 고객에게 어떠한 영향을 주고 고객이 자사와 비즈니스를 해야 하는 이유를 이러한 정보를 통해 발견할 수 있어야 한다. 영업전문가는 자사의 경쟁사에 대한 동향도 파악하고 전략적은 영업활동을 전개할 수 있어야 한다. 전략적인 사고로 고객의 반응과 태도를 살피고 효과적으로 대응하는 능력이 요구된다.

② 정보형: 자사가 상품과 서비스를 판매하여야 하는 이유가 있듯이 고객 또한 외부로부터 자원을 구매하는 이유가 있다. 그 이유는 고객의 내부에서 발생하기도 하고 외부에서 발생하기도 한다. 영업전문가는 거시적이 환경과 산업구조, 경쟁 구조 등에 대한 정보를 잘 활용할 수 있어야 한다. 오늘날에는 정보부족이 문제가 아니라 정보 과잉이 문제이다. 자신의 영업활동에 긍정적이든 부정적이든 영향을 미치는 정보를 지혜롭게 활용할 수 있어야 한다.

③ 시간관리형: 시간은 황금이다. 시간은 돈이다. 누구의 시간? 고객의 시간도 영업전문가의 시간도 똑같다. 시간이 중요하고 또한 관리하여야 하는 이유는 시간이 제한되어 있기 때문이고 선택하여야 하기 때문이다. 선택의 결과는 시간의 가치를 결정한다. 영업전문가는 자신의 시간을 함부로 낭비하거나 소비해서는 안 된다. 고객의 시간도 존중해 주어야 한다. 고객이 기꺼이 시간을 투자하고 내어 주는 영업전문가가 되어야 한다. 상담할 때는 서로에게 이익이 되어야 한다. 시간관리 능력은 곧 영업전문가의 성과와 직결된다. 고객에게도 영업전문가로서 귀한 시간을 할애해 방문한다는 인식을 갖도록 할 수 있어야 한다. 이유 없이 무작정, 아무 때나 고객을 방문한다는 것은 그만큼 다른 고객이 없다는 신호이고 시간관리에 소홀하다는 반증이다. 이러한 것이 영업전문가의 활동에 부정적인 영향을 끼쳐서는 안 될 것이다.

④ 팀 플레이형: 대부분의 고객은 자신 혼자서 구매의사결정을 하지 않는다. 특히 B2B 고객은 까다로운 구매프로세스와 의사결

정 구조를 갖고 있다. 이 고객들이 구매부 혼자 모든 것을 결정하는 경우는 흔치 않다. 다양한 내부 이해관계자가 개입한다. 영업전문가는 이 모든 구매관계자들을 혼자서 감당하기에는 시간적인 한계와 비즈니스 능력(협상능력, 프레젠테이션 능력, 전문가 미팅 수행능력 등)에 한계가 있다. 이를 극복하기 위해서는 내부 다른 부서 혹은 전문가와 협력하여야 한다. 가능하다면 고객사의 상담 파트너도 이 팀의 구성원이 될 수 있다. 또한 영업전문가는 영업 활동에 필요한 모든 내부 정보(기술 혁신, 생산 능력, 재고 상황, 결제 방법 등)를 필요할 때 얻고 활용할 수 있어야 한다. 이를 위해 영업업무를 전산화하는 영업자동화를 실행하는 조직도 있다.

⑤ 네트워크형: 영업전문가는 개인의 역량 강화를 위해 다양한 네트워크를 활용하고 그 속에서 활동하여야 한다. 유능한 영업전문가는 자신의 고객들이 가진 문제를 해결하고 욕구를 채워 줄 수 있는 외부 전문가들과 좋은 인간관계를 유지한다. 고객사 내부에 영업전문가를 지원(필요한 정보를 제공해 주는)해 주는 챔피언을 만들어 놓는 영업전문가도 있다.

⑥ 문제해결, 컨설팅형: 이 능력을 갖춘 영업전문가는 상담을 준비하는 단계에서부터 보통의 영업전문가와는 다르다. 그들은 늘 자신이 판매하는 상품과 서비스에 대한 지식보다는 고객이 가진 문제와 고민 그리고 채우고자 하는 욕구에 관심이 있다. 사실 상품과 서비스의 지식은 가장 기본적인 것으로 따로 준비할 필요가 없을 정도로 완벽하게 알고 있어야 한다. 이들은 절대로 상품

과 서비스를 먼저 이야기하지 않는다. 고객의 문제와 니즈를 친밀히 하고 분석하는 방법으로 고객과 상담을 준비하고 실행한다. 그리고 모든 영업활동과 메시지는 고객을 돕기 위한 것임을 명확히 한다.

또 하나의 패러다임은 영업활동의 수준을 혁신하는 것이다. 이는 영업전문가가 우수한 성적의 성적표를 받기 위한 영업활동의 내용이다. 이것을 그림으로 알아보면 다음과 같다.

〈그림 1-3〉 영업활동 수준

앞의 영업활동 수준은 크게 Push 영업(고객에게 판매를 밀어붙이는, 구매를 강요하는)과 Pull 영업(고객이 기꺼이 구매하는)의 형태를 갖는다. 아래 3개의 영업활동 수준(방문중심, 조건영업, 제품자랑)은 고객이 구매결정을 해야만이 비즈니스가 일어난다. 영업전문가는 고객이 구매결정을 할 때까지 기다린다. 때로는 고객을 밀어붙인다. 모든 비즈니스의 키는 고객이 갖고 있다. 그래서 접대를 영업의 중요한 도구(막대한 영업비용의 지불)로 활용하고,

책임질 수 없는 약속을 하고, 번지르르한 말을 한다. 그래서 고객의 신뢰는 떨어진다.

위의 두 가지 영업활동(니즈 충족, 비즈니스 컨설턴트)은 고객과 함께 고민하고 고객 스스로 필요에 의해 구매결정을 하는 것이다. 이것이 Pull 영업이다. 영업전문가는 고객의 업무를 돕는 비즈니스 지원자이자 비즈니스 코치가 된다.

영업활동 수준에 따라 영업전문가가 준비하는 내용과 고객을 바라보는 관점이 다르다. 물론 영업활동 수준에 대한 고객의 반응도 다르다.

	고객을 보는 관점	커뮤니케이션 내용	
Visitor/방문중심	고객은 움직이지 않는다. 고객은 계속 만나고 자극을 주어야 한다.	일방적 방문과 설명, 얼굴 알리기, 선물 등	가가호호 문전박대
Price Seller/조건영업	고객은 조건이 좋으면 구매를 한다.	조건의 일방적 제시 '이번에 ~~한 조건이…., 후회를~~'	깎아주~~ 조건악화
Products Teller/상품자랑	고객은 상품을 잘 모른다. 고객을 가르쳐야 한다.	'우리 상품이 최고~~~' 경쟁자 상품/서비스 비난, 비평	최고다… 고객무시
Need Satisfier/욕구충족	고객은 비즈니스/개인의 목표달성을 방해하는 문제를 갖고 있다.	문제를 해결하는 방법을 설득	문제가…? 그 영향은?
Trusted Business Consultant	고객은 자신의 비즈니스를 유지/성장/발전시키기를 바라고 그 답을 찾고 있다.	문제해결을 통한 비즈니스 성장 이익 증진, 경쟁력 확보 및 강화	원하는…?

〈그림 1-4〉 영업활동 수준과 관점

영업활동의 패러다임을 혁신하고 활동수준을 올려야 하는 이유는 영업의 성과를 향상하고 영업비용을 줄이며 영업의 효율화를 달성하고 비즈니스 계약의 이익률을 올리기 위해서이다. 특히 조건영업은 계약서의 이익률에 치명적인 부정적 영향을 준다. 이를 극복하기 위해서는 영업과 영업협상을 명확히 구분할 수 있어야 한다. 이 구분을 할 수 없으면 ① 조건 영업, ② 양보 영업, ③ 테크닉 구사형 영업을 할 수밖에 없다.

조건영업은 회사가 자신에게 주어진 영업상의 권한을 쉽게 포기하면서 고객에게 조건을 일방적으로 제공하는 영업을 한다는 것을 의미한다. 더 심한 경우에는 고객의 요구조건을 협상으로 해결하려 하지 않고 무조건 수용허야 한다는 생각으로 자신의 상사 또는 조직을 설득한다. 즉, 고객에게 가격을 깎아 주기 위해 자사의 관계자를 설득한다는 것이다. 양보영업은 고객의 크고 작은 반대에 부딪힐 때마다 고객의 마음을 얻기 위해 고객이 요구하는 조건을 수용해야 한다는 생각·믿음을 갖고 하는 영업을 의미하며, 테크닉 구사형은 자신이 책임질 수 없는 조건들을 얼렁뚱땅 넘기면서 영업을 마무리하거나 지킬 수 없는 약속을 하면서 고객을 설득하려는 영업스타일을 말한다.

당신의 영업스타일은 어떠한가? 위의 영업스타일이 가져오는 성적표는 대부분 B 점수 이하(이익률이 낮은, 평균 이하인 그래서 팔아도 남는 것이 없는)의 성적표가 된다. 이러한 실수를 범하지 않으려면 ① 영업과 영업협상을 명확히 구분을 할 것, ② 영업의 설득무기와 영업협상의 설득무기가 다르다는 것을 인식할 것, ③ 영업의 준비와 영업협상의 준비 또한 다르다는 것을 알고 활용할 것, ④ 가급적 영업협상을 하지 않고 영업에서 고객을 설득하는 데 성공할 것, ⑤ 영업전문가가 상담하는 상대방의 역할과 관심사를 명확하게 이해하고 활용할 것 등을 알아야 한다. 이러한 사실을 알고 영업활동에 적용하려고 한다면 기존의 자신이 갖고 있는 영업의 관점과 영업활동의 습관을 바꿔야 한다. 물론 쉬운 일은 아닐 것이다. 자신의 몸에 밴 습관과 자신에게 익숙한 패러다임을 깨고 새로운 습관과 패러다임을 익힌다는 것은 과거의 습관과 패러다임에 익숙한 영업전문가들에게는 쉬운 일이 아닐 수도 있을 것이다. 하지만 위의 패러다임을 벗어나지 않는다면 새로운 기회(영업전문가로서 경력을 쌓을 수 있는 그래서 멋진 삶을 살 수 있는)도 없다는 것을 알아야 한다. 영업과 협상을 구분하고 영업협상의 성공적인 수행을 위한 내용은 뒤에 나올 시리즈에서 별도로 다룰 것이다.

2) 가져야 하는 패러다임

조직이 영업전문가에게 기대하는 성과는 많은 수의 계약서와 높은 매출액에만 있는 것이 아니다. 매출액이 중요한 만큼 매출이익률 또한 매우 중요하다. 영업전문가는 자신이 땀 흘려 받아 오는 계약서가 이익이 많이 나는 계약서여야 한다는 것을 이제는 이해하였을 것이다. 그것이 중요한 이유 또한 명확히 인식하였을 것이다. 열심히 일하는 것과 제대로 일하는 것이 다르듯이 결과도 그러하다.

영업의 경쟁이 치열하고 고객이 구매를 전략적으로 수행하는 한 위의 두 가지(많은 수의 계약서와 높은 매출) 성과는 달성하기 어렵다. 따라서 앞으로의 영업성과는 영업이익률이 점점 중요해 진다. 영업전문가는 높은 점수를 받는 계약서, 즉 매출이익이 높고 좋은 조건의 계약서를 받아 오기 위해서는 새롭게 인식을 하고 습관화해야 하는 패러다임이 있다.

(1) 첫 번째 패러다임: 영업과 영업협상의 구분

"당신은 영업전문가로서 영업과 영업협상을 구분할 수 있는 가?" 강의를 하면서 이러한 질문을 던지면 대부분의 참석자들은 이 둘의 차이를 구분하는 데 어려움을 갖는다. 어떤 이는 영업과 영업협상을 같은 것으로 인식하고 있기도 하다. 다른 이는 영업과 영업협상을 구분하지만 현실에서는 구분되지 않는다고 한다. 몇 몇은 질문 자체에 의문을 갖기도 한다.

우수한 성적의 계약서를 받아 오기 위해서는 우선 우수한 계약 서의 조건을 알아야 한다. 가장 우수한 계약서, 즉 회사로서 가장 이익이 많이 남는 계약서는 회사의 표준계약서대로 계약을 받아 오는 것이다. 회사는 처음 계약서를 만들 때 회사로서 가장 이익 이 많이 남는 조건들을 표준계약서로 만든다. 따라서 고객이 이 표준계약서의 내용을 하나도 수정하지 않고 구매의사결정을 하고 사인하였다면 그 계약서는 100%의 마진을 확보한 가장 성적이 좋은 계약서이다.

영업활동은 고객으로 하여금 있는 그대로의 계약서로 자사와 비즈니스를 하도록 설득하는 비즈니스 활동이다. 대부분의 영업전문가는 영업이 어려운 이유로 앞에서 나온 '가격이 비싸다', '경쟁사가 훨씬 좋은 조건을 제시한다', '고객이 까다롭다' 등등을 이야기한다. 그럼 이러한 어려움 없이 고객이 스스로 회사를 찾아오거나 연락을 해 회사가 원하는 만큼의 물량과 원하는 조건대로 성품과 서비스를 구매해 간다면 영업업무가 존재할 것인가? 아니다. 고객의 반대 또는 거부, 요구조건을 있는 그대로 받아들여서는 안 된다. '가격이 비싸다'라는 고객의 말이 무조건 가격을 깎아야 한다는 것이 아니다. 가격은 항상 가치와 상대적으로 비교하여야 한다. 고객이 이러한 말을 하는 것은 ① 영업전문가를 흔들기 위해, ② 아직 구매시기가 아니거나 구매계획이 없어서, ③ 구매계획은 있지만 구매비용을 줄이는 협상을 하기 위해 등등의 숨겨진 이유가 있다. 중요한 것은 영업활동의 메시지와 협상의 메시지가 다르다는 것이다. 영업은 상품과 서비스의 가치를 중심으로 있는 그대로, 즉 회사의 초기 조건대로 판매하는 것이고, 영업협상은 그 조건들이 변경되는 것이다. 일단 이렇게 영업과 영업협상이 다르다는 것을 알아야 한다. 다르다는 것은 다른 기술과 내용을 요구한다는 것이다. 이 둘을 구분해 영업활동을 전개하기 위해서 어떤 지식과 기술이 요구되는 것인가는 앞으로 하나씩 알아볼 것이다.

(2) 두 번째 패러다임: 영업의 설득무기와 영업협상의 설득무기 차이인식

영업이든 영업협상이든 비즈니스 커뮤니케이션 특히 대고객비즈니스 커뮤니케이션의 목적은 고객을 설득하는 것이다. 설득은 "상대가 자신이 원하는 대로 사고하고 판단하고 행동하도록 하는 의도적인 시도"라고 정의되어 있다. 여기서 중요한 사실은 설득은 상호 이익이라는 것이다. 강의하면서 설득하는 쪽과 설득당하는 쪽 중 어느 쪽이 이익인가 하는 질문을 던지면 많은 참석자들은 설득하는 쪽이 이익이라고 대답한다. 이 또한 바꿔야 할 잘못된 패러다임이다. 설득은 어느 한쪽의 이익이 아니다. 다시 강조하지만 설득은 상호 이익을 전제로 한 커뮤니케이션의 목적이자 결과이다.

그럼 설득의 무기는 무엇인가? 바로 상호 이익이 되는 결과물과 그것에 대한 확신이다. 이 결과물은 가시적일 수도 있고 비가시적인 것일 수도 있다. 설득하는 쪽이나 설득당하는 쪽이 얻는 이익과 그 근거자료, 사례 등이 설득의 무기이다. 여기서 중요한 또 하나의 사실은 설득하는 사람은 자신의 이익과 자신이 원하는 것만을 강조해서는 안 된다는 것이다. 이 또한 대부분의 사람들이 잘못 알고 습관화되어 있는 버려야 하는 패러다임이다. 대부분의 사람은 상대를 설득할 때 자신이 기대하는 것, 자신이 원하는 것 중심으로 이야기한다. 상대가 얻는 이익은 대부분 생각하지 않거나 중요하게 여기지 않는다. 그것은 상대방이 알아서 판단할 문제라고 생각한다.

　그럼 영업의 설득무기는 무엇인가? 영업의 설득무기는 영업전문가가 제안하는 성품과 서비스가 해결해 주는 고객의 문제(대부분 업무상 문제) 또는 채워 주는 고객의 욕구와 그것을 믿도록 해주는 사례와 증거 그리고 비즈니스의 최종 결과로 고객이 얻는 궁극적인 이익(경영상의 이익, 감성적인 이익 등)이다. 즉, 고객이 개인이든 기업이든 자신의 돈을 투자할 수밖에 없는 현실적인 문제와 욕구 그리고 그 문제와 욕구를 해결하였을 때 얻는 투자 이상의 이익을 영업전문가가 보여 주고 영업전문가의 제안을 믿고 신뢰하게 해 주는 것이 영업의 무기이다. 따라서 고객이 반드시 구매결정을 할 수밖에 없도록 만드는 것이 영업의 설득무기이다. 이무기가 강력하면 강력할수록 고객은 협상을 하지 않거나 협상을 하더라도 협상에서의 힘이 떨어진다.

　그럼 영업협상이 무기는? 바로 거래조건(판매조건과 구매조건)들이다. 당신이 오늘도 갖고 있는 회사의 계약서에는 어떤 내용들이 포함되어 있는가? 그 내용은 몇 가지인가? 당신이 영업전문가이라면 반드시 알아야 할 것이다. 계약서의 모든 내용이 영업협상의 무기들이다. 이 조건 중 영업전문가와 조직에 유리하도록 영업전문가의 조건을 고객이 수용하도록 하는 것이 영업협상에서의 설득이다. 물론 고객도 자신과 자사에 유리한 조건(구매비용을 낮추기 위한)으로 구매하기 위한 구매조건을 갖고 영업전문가를 설득할 것이다. 즉, 거래조건의 교환과 합의 내용이 영업협상의 설득무기임 셈이다. 여기서 기억할 것은 영업전문가가 제시하는 조건으로 고객을 움직이지 못한다면, 즉 설득하지 못한다면 계약서의 내용이 수정된다. 수정된 계약서의 내용은 반드시 원래의 조건보다는 점수가 낮아진다. 즉, 이익률이 떨어진다. 이를 극복하기 위해서는 영업전문가는 영업의 준비와는 다른 영업협상의 준비를 하여야 한다.

따라서 영업전문가는 영업협상의 무기로 영업(깎아 주는 영업)을 해서는 안 된다. 영업의 무기로 먼저 고객을 설득(필요성을 강하게 갖도록 하는)하는 것이 우선이다. 영업에서 설득당하지 않은 고객이 영업협상을 하고자 하는 것은 ① 거래의 절박함이 있거나 ② 영업전문가를 괴롭혀 많은 양보를 얻어 내려는 전술이거나 ③ 거래에 관심이 없다는 것을 의미한다. 고객이 먼저 영업협상을 하고자 한다면 영업전문가는 고객이 충분히 영업의 무기에 설득당하였는지―구매가 반드시 필요한지, 그리고 구매계획이 있는지―를 확인하여야 한다. 그렇게 하지 않으면 고객은 영업과 영업협상을 왔다 갔다 하면서 자신에게 유리하도록 비즈니스 조건을 바꿀 것이기 때문이다. 영업전문가가 만나는 대부분의 고객―특히 구매담당자는―은 이러한 작전을 수행하는 데 능숙하다.

(3) 세 번째 패러다임: 영업의 준비와 영업협상의 준비 차이 인식과 활용

우수한 성적을 올리기 위해서는 평소의 공부가 필요하듯이 우수한 계약서를 받아 오기 위해서도 평소의 준비가 필요하다. 단

영업의 준비와 영업협상의 준비가 다르다는 것을 알아야 한다. 당신은 이 둘의 준비가 다르다는 것을 어떻게 생각하는가? 앞에서 영업의 설득무기와 영업협상의 설득무기가 다르다고 했다. 그럼 그것을 준비하는 것 또한 다른 것이 당연한 것이 아닌가?

우선, 영업의 준비는 영업전문가 혼자서도 할 수 있다. 영업전문가는 영업 활동을 시작하기 전 자사의 상품과 서비스 즉 자신이 판매하여야 하는 것에 대해 지식을 쌓는다. 이것은 회사의 카탈로그나 상품 설명서를 읽음으로써 어느 정도는 가능하다. 그리고 회사의 다른 영업전문가와 과거 고객들을 분석해 자신이 누구를 또는 어떤 기업과 업종을 공략해야 하는지도 스스로 학습할 수 있다. 그들이 구매한 이유와 그 결과로 얻은 이익에 대한 자료도 수집할 수 있다. 스스로 학습이 되지 않더라도 선배나 상사로부터 도움받을 수도 있다. 이 도움은 한 번으로 끝난다. 물론 더 많은 연구를 통해 자신이 판매하는 상품과 서비스의 가치를 발견하고 새로운 고객을 발굴할 수도 있다. 이 또한 혼자서 가능한 일이다. 회사는 영업전문가들에 이러한 학습을 할 수 있는 시간과 공간만 제공하면 된다. 사실 대부분 준비되어 있다.

하지만 영업협상은 이와는 전혀 다른 준비과정이 요구된다. 매번 만나는 고객이 요구하는 거래조건이 항상 일정하지 않다는 것이다. 고객에 따라 중요성과 우선순위가 다르다. 그리고 영업협상은 영업전문가가 진행하지만 고객기업과 자사가 요구하는 회사 대 회사의 역량인 거래조건을 다루는 것이다. 즉, 영업협상을 한

다는 것은 그 창구가 누구든 호사의 역량을 등에 업고 상대방과

거래조건을 확인−교환−조정−합의−절충하는 것이다. 영업도

회사의 역량을 업고 하는 것이 아니냐는 질문을 할 것이다. 물론

그렇다. 하지만 영업은 역량의 교환이 아니다. 역량의 교환은 영

업협상에서만 가능하다. 둘째, 영업의 문제와 해결책은 변하지 않

는다. 즉 고객 입장에서는 자신의 문제해결에 다양한 선택안들이

있을 수 있지만 영업전문가는 자신의 해결안만이 고객을 설득하

는 유일한 무기이다. 따라서 영업전문가가 준비한 해결안이 영업

의 마무리까지 유지된다. 하지만 영업협상은 수 개의 또는 더 많

은 숫자의 거래조건을 놓고 서로가 원하는 수준으로 합의하는 과

정이다. 여기서 서로가 준비하그 교환하는 거래조건은 영업전문

가 혼자 준비할 수는 없다. 영업전문가는 자사의 모든 이해관계자

(상사, 의사결정권자, 기타 관련 부서 등)들과 지속적인 협의와 상

의를 통해 매번 영업협상의 조건들을 준비해야 한다. 이 준비의

가장 중요한 목표는 이번 계약의 이익률 수준을 결정하는 것이다.

이 이익률 수준은 조직 또는 의사결정권한을 가진 리더가 결정한

다. 또한 영업협상은 한 번의 만남으로 결론지어지지 않는다. 고

객도 구매협상을 할 때는 시간적인 여유를 가지고 협상에 임한다.

따라서 영업전문가가 조급하게 영업협상의 횟수를 제한할 이유는

없다. 또한 매 영업협상 시 영업협상 테이블에 올려지는 것−의

제, 거래조건들−도 다르다는 것을 알아야 한다. 이 모든 준비를

영업전문가는 자사의 내부역량을 총동원하여야 한다. 이것이 영

업과 영업협상을 구분해 준비하고 대응해야 하는 가장 핵심적인
이유이다.

결론적으로 영업의 성적표인 계약서의 점수는 영업능력(영업협
상을 하지 않고 계약을 성사시키는 능력－다음 절에서 알아본다)
과 계약의 조건을 결정하는 영업협상능력이 좌우한다고 볼 수 있
다. 당신이 우수한 영업전문가고 영업의 매출 이익을 극대화하는
영업전문가가 되고자 한다면 이 둘을 구분하고 각각의 업무수행
능력을 쌓아야 한다. 영업에 대해서든 영업협상에 대해서든 기존
의 패러다임을 혁신적으로 바꾸지 않는다면 이 둘이 능력을 쌓기
는 불가능하다는 것을 알아야 한다. 물론 그 능력들을 활용하는
기술 또한 혁신을 하여야 할 것이다.

(4) 네 번째 패러다임: 영업협상을 하지 않고 영업에 성공하기

영업협상을 하지 않고 영업을 마무리할 수 있을까? 물론 가능
하다. 단 이 경우는 다음의 두 가지 중 하나일 것이다. 하나는 고
객의 절대적인 구매 필요성으로 구매조건보다는 상품과 서비스의
확보가 중요해 구매협상을 할 여유가 없는 경우이거나, 둘째로 영
업전문가가 먼저 모든 조건을 양보해(조건 영업) 영업전문가 스스
로 영업협상을 포기한 경우일 것이다. 이 둘에 포함되지 않은 이
유로 영업협상을 하지 않고 계약을 성사시켰다면 그 영업전문가
는 아주 우수한 영업능력을 갖춘 것이다. 이를 위해서는 영업에

대한 선입견을 과감히 버려야 한다. 당신은 영업을 어떻게 정의하는가? 누군가 당신에게 무슨 일을 하는가 하고 묻는다면 어떤 대답을 할 것인가?

영업은 물건을 판매하는 것이 아니다. 영업은 고객을 구워삶아 영업전문가가 원하는 것을 얻는 것도 아니다. 화려한 언변으로 고객을 설득하는 것은 더더욱 아니다. 그럼 영업은 무엇인가? 이 답을 위해 입장을 바꿔 놓고 보자. 개인이든 기업이든 왜 그들은 자신의 돈을 써서 새로운 물건이나 서비스를 구매하는가? 당신은 최근에 어떤 상품을 구매하였거나 서비스를 구매한 경험이 있을 것이다. 당신은 왜 구매하였는가? 답은 필요하기 때문이다. 맞다. 고객들은 자신들이 가진 문제(개인적 또는 업무적)와 채우고자 하는 욕구(목표와 현실과의 차이)를 위해 돈을 쓰는 것이다. 이것을 영업전문가 입장에서 해석한다면 영업전문가가 판매하려는 상품과 서비스가 고객이 가진 문제를 해결하고 채우고자 하는 욕구를 채우는 데 가장 적합할 때 고객으로부터 선택받는 것이라고 해석할 수 있을 것이다. 따라서 영업전문가의 역할은 자신의 상품과 서비스가 가진 역량과 매력이 고객의 문제를 해결하고 욕구를 채우는 데 최적의 대안이라는 것을 갖고 고객을 논리적인 근거와 신뢰를 주는 사례/증거들을 통해 고객이 스스로 구매하도록 설득하는 것이라고 이해할 수 있을 것이다. 절대로 상품과 서비스를 팔려고 하지 마라. 구매하도록 하라. 구매해야 하는 이유를 구매의 가치를 논리적으로 전달해 고객이 스스로 결정하도록 하라.

이렇게 영업전문가의 역할을 정의하는 것이 중요한 이유는 영업 협상을 하지 않고 영업의 성공을 위한 올바른 방법이기 때문이다. 영업전문가는 고객이 찾고 있는 자신들의 문제해결과 욕구충족에 영업전문가가 가진 대안이 최적이라고 믿게 만들어야 한다. 이 믿음의 강도가 영업에서 비즈니스를 마무리하는 중요한 요소이다.

영업전문가는 자신의 역할을 문제해결자, 고객의 비즈니스 성공을 지원해 주는 파트너라는 역할 정체성을 가질 때 영업의 성적표 점수를 올릴 수 있는 것이다. 영업협상의 내용은 항상 제일 마지막에 대화의 소재로 삼아라. 고객이 말하지 않으면 고객의 환심을 사기 위해 먼저 양보하겠다는 등의 이야기를 절대로 꺼내지 마라. 우선 고객이 영업전문가의 해결책(상품의 솔루션)에 확신이 들도록 만드는 데 집중하라. 고객이 가진 문제해결의 욕구와 해결책에 대한 확신을 갖게 하는 것은 영업성적표의 점수를 올리는 지름길이다.

(5) 다섯 번째 패러다임: 영업 파트너의 역할과 관심사
이해와 대응

당신은 기업을 대상으로 영업활동을 하면서 누구, 어느 부서를 집중적으로 공략하는가? 기업영업의 파트너는 다양하다. 이 사실 또한 새롭게 가져야 하는 패러다임이다. 이것에 대해서는 다음 장에서 상세히 알아볼 것이다.

④ 영업의 종류

어떤 유형의 영업활동(B2B, 다리점, 프랜차이즈, 대형 유통기업, 소매점, 개인고객 등)이든 영업은 크게 두 가지로 나눌 수 있다. 하나는 가치 영업(Value Sales)이고 다른 하나는 협상 영업(Negotiation Sales)이다. 이 둘의 영업대상과 준비할 자료, 영업단계, 고객의 상황, 상담의 전개방법 등이 다르다. 이것에 대하여 지금부터 알아보도록 한다.

1) 가치 영업(Value Sales)

말 그대로 고객이 구매를 통해 얻는 이익인 가치(문제해결과 이익)를 중심으로 영업활동을 하는 것이다. 상품과 서비스의 가치는 영업전문가가 결정하는 것이 아니고 고객이 결정한다. 고객이 상품과 서비스에 가치를 부여해 자신들의 구매비용을 쓰는 것은 자신들이 원하는 그 무엇인가를 상품과 서비스가 제공해 주기 때문이다. 고객이 가치를 부여하는 그 무엇은 무엇일까? 바로 고객의 필요(해결할 문제, 누리고자 하는 편의, 채우고 싶은 욕구 등)이다.

상품이 아무리 기술적인 품질이 우수해도 그 상품이 제공하는 가치를 누리고자 하는 고객이 없다면 판매·구매되지 않을 것이다. 수년 전 스위스 시계회사가 수심 200m에서도 완벽하게 방수가 되는 시계를 생산하여 판매활동을 하였지만 결국 실패로 돌아갔다.

이것이 시사하는 바가 무엇이겠는가?

가치 중심의 영업은 고객이 구매조건을 따지지 않고 영업전문가의 판매조건대로 구매하도록 하는 데 그 목적이 있다. 물론 고객 특히 구매담당자는 이를 절대로 허락하지 않을 것이지만….

가치 영업은 고객이 업무에서 부딪히는 문제와 생활의 불편함을 해결해 주는 편리함, 욕구의 충족을 위한 상품과 서비스가 가진 역량(특성-문제해결-이익-증거, 사례)으로 고객이 자신의 필요에 의해 자발적으로 구매하도록 하는 적극적인 활동이다.

가치 영업을 위해서는 자사 상품과 서비스에 대한 지식을 창의적인 사고로 분석하고 가치를 강화하는 자료를 개발해야 한다. 가치개발(제품 지식)에 대해서는 시리즈2에서 자세히 알아볼 것이다. 가치 영업이 필요한 이유는 고객으로 하여금 구매협상을 시도하지 않도록 하거나, 협상의 힘을 떨어지게 하는 목적이 있다. 모든 기업들의 궁극적인 목표이기도 하다.

현실적으로는 가치 영업 다음에 협상이라는 활동이 필수적으로 개입되지만 영업전문가는 이를 극복할 수 있는 상품과 서비스의 가치를 개발하여야 한다. 모든 영업활동의 성과(계약)를 위해서는 어떠한 경우도 협상이 없을 수는 없다.

우리가 일반적으로 생각하는 영업은 가치 영업이다. 즉, 고객의 필요(문제해결과 편리함 등)를 채울 수 있는 상품과 서비스의 역량을 중심으로 고객을 발굴하고 기회를 찾으며, 효과적인 접근을 하는 영업의 단계를 영업전문가가 주도적으로 수행하는 것이다.

가끔 고객이 자사를 찾아오는 경우도 결국 그들의 필요를 위해서이고 많은 대안 중 영업전문가의 상품과 서비스가 그 해결 능력이 가장 뛰어나기 때문이다. 가치 중심의 영업활동을 전개하는 능력을 개발하도록 하라.

기업을 대상으로 영업활동을 전개하는 영업전문가는 자사의 상품과 서비스를 통해 해결하는 문제(업무상의 문제 – 원가절감, 품질향상 등)와 얻는 편리함, 이익을 다양하게 개발하여야 한다. 기업의 구매부가 구매를 위해 지출하는 돈은 투자가 아니라 비용이다. 따라서 그들은 비용을 어떻게든 아끼려고 한다. 이를 극복하기 위해 구매비용을 투자로 바구어야 한다. 현업부서가 자신들의 문제해결 또는 업무목표 달성을 위해 구매하는 것은 투자이다.

대리점이나 대형 할인점, 프랜차이즈 영업을 하는 영업전문가는 고객 하나하나가 시장환경, 수준, 유형이 다르고 그들의 소비유형이 다름을 알고 대리점에 맞는 판매전략(자사의 상품을 고객에게 제공하기 전에 그 고객이 더 많은 매출이 가능하도록 지원하는)을 갖고 고객의 비즈니스를 도와주어야 한다. 그들은 어떻든 자사의 상품과 서비스를 갖고 자신들의 비즈니스를 한다. 다른 선택이 없다는 것이다. 고객이 원하는 것은 본사의 상품과 서비스를 무작정 받는 것이 아니다. 자신들의 비즈니스를 키우는 것이 그들의 최대관심사이다. 그들의 비즈니스가 성장한다면 자연적으로 영업전문가가 제공하는 상품과 서비스의 매출은 늘어날 것이다.

가치 영업은 이렇게 고객에게 고객이 원하는 목표를 달성하고 문제를 해결해 주며, 필요를 충족시켜 주는 영업활동을 하는 것이다. 가치 영업이 가진 매력은 고객의 필요를 강하게 자극해 협상하지 못하게 하거나 협상에서 고객의 힘을 약하게 하는 데 있다.

2) 협상 영업(Negotiation Sales)

여기에서 알아보는 협상 영업은 영업의 마지막 단계에서 수행하는 협상과는 의미가 다르다. 협상의 내용(의제개발, 제안, 역 제안, 전략과 전술 등)이 다른 것이 아니고 협상의 무기(조직의 역량－경쟁우위가 가진 거래조건상의 가치)를 중심으로 처음부터 영업활동을 전개하는 것으로 영업의 진행단계와 프로세스가 다르다는 것을 의미한다. 협상의 무기란 고객의 구매조건과 영업의 판매조건을 조율하기 위한 비즈니스 조건들(의제들)임을 강조하였다. 이 협상의 무기는 가치 영업의 마지막 단계에서 진행하는 협상에도 활용된다.

협상 영업을 위한 전제조건으로는 경쟁사의 제품 또는 서비스와 영업전문가의 상품과 서비스의 품질과 기술수준은 동일하다는 것이 전제되어야 한다. 품질과 기술수준에 차이가 나는 것은 극복할 수 없는 장애물이고 이를 무리하게 극복하기 위해서는 고객의 요구조건을 수용할 수밖에 없다. 이는 협상에서 힘을 갖지 못하거나 협상의 여지가 없다는 것(일방적인 수용)을 의미한다.

협상 영업의 대상은 ① 경쟁사의 제품, 서비스를 사용하는 고객, ② 자사의 고객으로 경쟁사의 공격을 받는 또는 받을 우려가 있는 고객, ③ 스스로 경쟁사로 이동하려는 징후가 보이는 기존 고객, ④ 기술과 품질에서 차이가 없는 제품과 서비스(성숙시장)를 두고 다양한 공급업체와 구매협상을 벌이는 고객, ⑤ 반복구매를 하는 물품 또는 구매부가 구매비용에 대해 부담을 갖는 고객(경쟁사와 거래하는) 등이다.

가치 영업이 상품과 서비스가 가진 역량과 조직이 가진 역량을 중심으로 고객의 경영목표의 달성 지원과 업무상의 문제(구매관계자의 업무)를 해결하기 위해 수행된다면, 협상 영업은 자사의 역량(판매조건 또는 고객의 구대조건에 영향을 미치는 경쟁우위의 역량-결제조건, 서비스 등 계약서의 모든 조건)을 중심으로 진행된다. 예를 들어 자사의 현금 보유고가 충분하고 경쟁사에 비해 여유가 있다면 이는 조직의 역량이 된다. 이 역량으로 ① 고객에게 가격을 할인해 주는 제안, ② 결제조건을 유연하게 하는 제안을 할 수 있을 것이다. 여기서 제안은 일방적인 양보가 아니라 제안의 조건으로 다른 무엇인가를 요구하는 것이다. 협상은 일방적인 양보가 아니라 비즈니스 조건을 주고받는 것(우선순위, 중요도에 따라)이 원칙이기 때문이다.

이 협상 영업의 주요 파트너는 구매담당자다. 구매하는 과정에서 현업사용자나 엔지니어를 위한 프레젠테이션 등의 활동이 요구되기도 하지만 협상 영업은 구매담당자를 집중적으로 공략하는 것이 주요 활동내용이다. 구매부 또는 구매담당자도 조직의 경영목표 달성을 위해 자신들이 달성하여야 하는 업무상의 목표(구매원가 절감, 구매프로세스 단축, 안전한 공급업체 확보 등)가 있다. 특히 구매원가 절감이 구매부와 구매담당자의 주요한 업무목표라면 협상 영업은 그 효과를 발휘한다. 이를 위해서는 구매부의 구매유형과 연간 구매계획을 파악하는 것이 중요하다. 필요하다면 현장사용자와의 관계에서 이 정보를 얻을 수 있어야 한다. 구매부가 수행하는 대부분의 구매는 경영목표와 전략에 의해 정해진 계획된 구매이다. 즉, 조직의 경영목표의 달성을 위해 필요한 자원(각 부서의 목표달성에 요구되는)들을 경영계획에 따라 구매하는 것이다.

구매부를 주요 영업활동의 창구로 활용한다면 영업전문가는 위의 가치 영업의 단계와 협상 영업의 단계를 따로 운영할 수 있어야 한다. 영업의 단계를 개발하고 수행하는 방법에 대해서는 다음 시리즈에서 자세히 다룰 것이다.

3) 컨설팅 영업(Consulting Sales)

또 하나의 영업유형은 컨설팅 영업이다, 이 컨설팅 영업의 고객은 대리점, 프랜차이즈 가맹점, 대형 할인점 등의 루트 영업활동을 하는 영업전문가의 영역이다. 이 영업활동을 하는 영업전문가는 고객의 경영상의 문제를 해결하고 목표달성을 지원하는 다양한 방법과 도구들을 활용해야 한다.

루트 영업활동을 하는 영업전문가들은 자신들의 역할이 단순히 본사의 제품과 서비스를 대리점 등 고객에 떠맡기는 밀어내기 식으로 활동을 하여서는 안 된다. 이러한 활동을 한다면 고객의 환대는커녕 오히려 방문하는 것을 부담스러워하거나 불평불만을 토로하는 고객을 만날 뿐이다.

이들 고객들의 욕구와 관심은 자신의 비즈니스를 성공적으로 운영하는 것이다. 루트 영업의 대상인 고객들은 영업전문가가 몸담고 있는 자사의 상품과 서비스를 계약(대리점 계약 등)에 의해 일정지역과 그 지역의 최종고객을 대상으로 자신의 비즈니스를 하는 것이다. 그들은 본사의 영업전문가를 통해 자신들의 비즈니스를 확대하는 방법과 전략, 전술들을 지원받고 싶어 한다. 그들의 비즈니스가 활성화된다면 자연히 본사로부터 더 많은 양을 구매할 것이고 기꺼이 결제도 할 것이다. 그들은 영업전문가만큼 자신들의 시장에 대한 분석능력과 전략수립 능력이 부족할 수 있다. 만일 영업전문가 또한 이러한 능력이 부족하다면 고객을 만나 어떤 대화를 할 수 있겠는가(밀어내기 식의 대화를 제외하고)?

영업전문가는 자신의 능력이 부족하다면 자신이 맡은 지역에 대한 정보(시장분석, 고객분석, 경쟁사분석 등)를 본사의 마케팅 전문가에게 제공해 그 시장에 맞는 전략과 전술을 개발해 달라고 요청하여야 한다. 필요하다면 동행방문을 요청할 수 있어야 한다. 각 지역의 시장 특성이 다르다는 것을 알아야 한다.

그리고 고객이 어떻게 자신들의 고객(최종 소비자)에게 스스로 영업(가치 영업)할 수 있는지 그 방법과 지식, 기술 또한 영업전문가가 알려 주거나 지원해 주어야 한다.

고객이 만나고 싶어 하고 영업전문가의 제안을 기꺼이 수용하도록 전문성을 키우도록 하라. 본사의 마케팅전문가들을 활용할 수 있도록 내부고객들을 관리하라. 차별화된 자신만의 영업스타일과 역량, 도구를 개발하라.

⑤ 영업의 정의와 영업전문가

어느 날 휴대전화가 울렸다. 상대방은 몇 개월 전 필자의 강의를 들은 수강생이었다. 그는 "강의 때 강사님의 메시지가 매우 도움이 되었다"고 하였다, "무슨 메시지였느냐"고 필자가 묻자 **"영업은 물건을 파는 것이 아니고 고객의 문제를 해결하고 욕구를 채워 줄 수 있는 솔루션을 제공하는 것이다. 영업전문가는 물건을 파는 사람이 아니고 고객의 문제를 해결해 주고 비즈니스의 목표 달성을 도와주는 비즈니스 전문가이자 고객의 문제해결자다"**라는 것이었다.

이는 필자가 모든 영업강의를 할 때마다 강조하는 영업의 정의와 영업전문가의 역할이다. 그 결과를 묻자 그는 "우선 영업활동에 자신감이 생겼다. 물건을 판매하려고 고객을 방문하는 것과 문제를 파악하고 솔루션을 제안하기 위한 방문이라는 것이 당당함을 가질 수 있도록 용기를 주었다. 고객도 자신들의 문제해결을 도와주겠다는 말에 큰 흥미와 관심을 갖고 기다린다. 따라서 영업

의 성과가 올라가고 있다"라고 하면서 감사하다는 말을 남기고
통화를 마쳤다.

영업전문가가 판매하려는 상품과 서비스는 그 자체가 가치를
갖는 것이 아니다. 상품과 서비스의 가치는 고객이 결정하는 것이
고, 고객은 자신의 필요(문제해결과 욕구 충족)를 해결해 줄 때 상
품과 서비스에 가치를 부여하는 것이다. 상품과 서비스는 고객의
문제해결과 욕구충족을 위한 도구이고 수단이다. 고객이 구매하
는 이유를 이해한다면 이 말을 인정할 것이다.

따라서 **영업은 자사의 상품과 서비스 그리고 자사의 능력으로
고객의 문제해결과 욕구충족을 통해 경영목표달성을 지원하는 비
즈니스 활동이다.** 개인고객의 경우 삶의 질을 향상시키고 삶의 목
표를 달성하도록 지원하는 인생의 파트너이다. 그리고 **영업전문
가는 고객이 문제를 해결해 주고 욕구를 충족시켜 주는 비즈니스
파트너이자 문제해결자다.**

영업활동을 하는 당신은 스스로의 역할을 어떻게 보고 있는가?
곰곰이 생각해 보라. 왜 고객이 당신의 상품과 서비스를 구매해
가는지. 그 구매를 통해 그들이 어떤 문제를 해결하고, 편리함을
누리며 이익을 보는지를… 그들에게 그러한 효과가 없다면 구매
할 것이라고 생각하는가?

자신들의 문제를 해결해 주고 욕구를 충족시켜 주는 유능한 전
문가를 누가 홀대하겠는가? 고객은 영업전문가가 바로 이러한 역
할을 제대로 수행할 수 있기를 바란다.

영업 파트너와 비즈니스 하기

Chapter 2. 영업 파트너와 비즈니스 하기

::상황

영업전문가 이 대리는 오늘도 고객인 A기업을 5번째 방문한 다. 고객사의 구매부 김 대리와 이제까지 상담을 진행하였다. 김 대리는 늘 이 대리를 반기면서 상담에 임하지만 아직 구매에 대한 특별한 메시지가 없었다. 오늘은 어떠한 메시지든 파악할 결심이다. 여느 때와 마찬가지로 김 대리는 이 대리를 반긴다. 얼마간의 대화를 주고받은 후 이 대리는 "김 대리님, 이제 본격적으로 비즈니스와 관련된 이야기를 하면 어떨까요? 지난번에 드린 제안서에 대한 검토 사항과 결과도 궁금하고…?" 그러자 구매부 김 대리는 "아! 그거요? 아직 현장에서 말이 없네요. 우리 부서 일이 아니라서… 그 제안서를 현장에 있는 박 대리에게 전해 주었는데… 아직 필요가 없는지… 구매요청도 하지 않고…"라고 대답한다.

　이 대리는 자신이 제안한 제안서가 현장으로 내려갔다는 말에 현장에서 검토하는 중이라고 생각하고 며칠을 더 기다려 보기로 하였다. 며칠 후 이 대리는 다시 A사를 재방문하였다. 그때 김 대리가 "잠깐만 기다리세요. 현장 박 대리가 궁금한 점이 있다고 하던데… 박 대리와 동석해 이야기하여야 할 것 같습니다" 하면서 박 대리에게 전화를 건다. 잠시 후 이 대리는 상담실에서 김 대리와 박 대리를 마주 하고 앉았다. 김 대리는 박 대리를 소개한 후 급한 업무가 있다고 잠시 자리를 비운다. 박 대리는 이 대리의 제안서를 꼼꼼히 검토하면서 기술적인 부분 몇 가지를 묻는다. 다행히 그 부분은 이 대리가 알고 있는 분야라서 대답하자 박 대리는 "그럼 언제 저희 부서에 오셔서 직접 시연을 하시면서 프레젠테이션을 해 줄 수 있는지요?"라고 요청을 한다. 이 대리는 "당연합니다. 기회를 주신다면… 그럼 언제쯤이 좋을지…?" 이 대리와 박 대리는 프레젠테이션 날짜를 확정하고 박 대리는 "그럼 그때 뵙지요. 잘 준비해 주시기 바랍니다" 하면서 일어선다. 그때 박 대리와 교대로 김 대리가 상담실로 들어온다. 김 대리는 "어때요? 이야기가 잘되었나요?" 하면서 묻는다. 이 대리는 박 대리와의 프레젠테이션을 하기로 한 약속을 이야기하자 김 대리는 "그렇지요? 생산부장님이 워낙 꼼꼼하셔서 아마도 많은 준비를 하셔야 할 것입니다. 생산부에서 필요하다고 해야 본격적인 구매업무를 진행할 수 있을 것입니다"라고 한다. 알았다고, 그리고 박 대리를 소개해 준 것에 고맙다고 하면서 이 대리는 자리에서 일어나 고객사를 나온다.

이 대리는 회사로 돌아오면서 구매부 김 대리가 프레젠테이션을 요청하지 않고 생산부 박 대리가 요청한 것에 대해 생각한다. 그리고 그때 생산부를 설득시켜야 구매업무를 본격으로 진행한다는 말이 무슨 말인지 잘 이해가 되지 않는다. 사실 이 대리는 김 대리와 상담하면서 가격할인과 납기 등에 대하여 많은 혜택(?)을 주었다. 그렇게 하면 김 대리가 움직일 줄 알았는데… 다시 생산부와 상담(시연과 프레젠테이션)하여야 한다는 사실이 이해가 잘 안 된다.

회사로 돌아온 이 대리는 상사인 장기태 팀장에게 보고하고 프레젠테이션 준비에 대한 조언을 구하면서 자신의 궁금증을 질문하였다. 그때 장기태 팀장은 "그렇지, 그게 바로 고객사의 구매프로세스이고 구매관계자들의 역할이지. 아마도 이번 프레젠테이션을 잘 끝내면 구매부 김 대리가 협상하자고 할 거야! 혹시 자네 김 대리에게 가격할인에 대해선 이야기하지 않았지? 그러면 안 되는데…"라고 대답한다.

이 대리는 "사실은… 그 이야기를 하였습니다. 그러면 김 대리가 빨리 결정을 할 줄 알고, 그리고 그런 이야기를 할 때는 김 대리도 좋아하던데요?"라고 대답하자 "물론 김 대리는 자신의 구매비용을 줄일 수 있다는 자네의 말을 좋아하지. 아마 좋아하지만 않고 명확하게 기억도 하고 나중에 적극 활용하겠지? 그게 구매부의 주요 관심사항이니까. 아무튼 나중에 협상할 때 고민이 되겠구면. 일단 이번 건의 성공을 위해 프레젠테이션 준비를 철저히 하도록 하지. 그럼 생산부 박 대리가 가진 문제는 무엇인가? 프레젠테이션의 초점을 어디에 맞춰야 하나? 누가 참석을 하고, 시간은?" 등에 대해 묻는다. 이 대리는 그것에 대한 답을 하지 못한다.

장 기태 팀장은 "좋아! 지금부터 함께 영업전략을 준비하도록 하지. 우선 내가 조금 전에 물어본 사항에 대해 박 대리에게 확인하도록 하게나. 그리고 이번 프레젠테이션을 위해 내일 오후 4시에 미팅을 할 테니까 품질부에 있는 최상기 과장에게 전화를 해 내일 미팅에 참석하라고 알리도록 하게나. 이번 건으로 고객사의 구매프로세스에 대해 완벽하게 이해하는 계기로 삼도록 하고 모든 영업전문가들에게 이 진행 사항을 알리도록 하지. 그리고 프레젠테이션이 잘 진행된다는 전제하에 협상에 대한 전략도 준비해야 하니까 나중에 지금까지 구매부 김 대리에게 전달한 메시지도 잘 정리해 놓도록 하게."}

이 대리는 팀장과의 이야기를 마치고 자기 자리로 돌아가면서 '고객들이 쉽게 구매결정을 하지 않는구나'라는 생각을 하게 된다.

❶ 영업 파트너

영업전문가는 고객의 구매과정에 다양한 내부 이해관계자가 개입한다는 것을 알아야 한다. 그 개입의 수준과 정도는 다르지만 거의 모든 고객은 구매결정을 혼자 하지 않고 누군가의 조언을 들기도 하고 누군가의 결정이 있어야 구매행동을 할 수 있다. 전자매장에 컴퓨터를 구매하러 온 고객도 특별한 경우가 아니면 내부 이해관계자(사용자-아이, 컴퓨터 사양 조언-삼촌, 구매결정-아버지 혹은 엄마)가 있다. B2B 영업활동에서의 구매관계자는 구매부서, 현장사용자, 기술적인 조언을 해 주는 전문가 또는 사내 엔지니어, 의사결정권자가 존재한다.

영업전문가는 고객사의 구매프로세스와 구매계획 그리고 구매업무 실행에 있어서 구매관계자의 개입 여부와 수준 등을 잘 파악해 대응할 수 있어야 한다. 필요하다면 팀 영업을 할 수 있어야 한다. 영업의 파트너를 구매부만을 생각하지 마라. 고객의 구매프로세스와 구매관계자들을 파악하는 노력과 적절한 대응능력은 곧 영업전문가의 경쟁력이 된다. 때로는 고객사의 구매관계자가 영업전문가를 지원해 줄 수 있다. 따라서 지금부터 알아볼 영업의 파트너와 고객의 구매프로세스와 구매니즈 그리고 공략방법들에 대해 진지하게 고민하고 영업활동의 전략을 수립에 적용하기 바란다.

영업의 파트너인 구매관계자에게는 구매실무자 또는 구매담당자/부서, 현장의 실제 사용자, 기술적인 조언과 검토를 하는 사내 전문가 또는 엔지니어, 구매의사결정을 하는 의사결정권자 등이 있다. 이들에 대한 깊은 이해도는 영업활동의 수준을 향상시킬 수 있을 것이다.

1) 구매담당자

(1) 구매업무 이해

기업고객이든 개인고객이든 혹은 대리점 등의 유통업체든 자신들의 경영목표 달성과 삶의 수준 향상을 위해서는 새로운 무엇인가가 필요하다. 불편함을 해결하거나 편리함을 누리거나, 업무상의 문제를 해결하거나 소비자들의 불만을 해결하거나 등등의 이유로 고객들은 새로운 자원을 외부로부터 구매하여야 한다.

현상 유지를 위한 구매도 있고 새로운 투자를 위한 구매도 있다. 또한 구매비용을 줄이기 위한 구매전략 실행을 위한 구매(수정 재구매)도 있다. 어떠한 구매든 구매에는 비용이 소요된다. 특히 기업고객의 경우 각 부서에서는 자신들의 부서목표 달성을 위해 다양하고 많은 자원이 필요하다. 이 자원들의 대부분은 외부 공급업체로부터 조달하여야 한다. 그리고 과거 이 자원의 조달을 각 부서에 맡긴 결과는 엄청난 구매비용의 낭비로 이어져 왔다. 이는 공급업체의 협상력이 강한 것이 원인(현업부서는 사전에 계획하에 구매하기보다는 필요할 때 급하게 구매하기 때문에 협상파워가 떨어지거나, 전문적인 협상력을 배우지 않기 때문 등의 많은 원인이 있다)이다. 이러한 사실을 직시한 기업들은 구매를 전략적이고 계획적으로 할 필요성을 느끼고 효율적인 구매(비용 절

감과 구매목표 달성 등)를 위해 각 부서의 구매업무를 일괄적으로
책임지는 구매부를 만들어 구매업무를 전담하고 있는 것이 현실
이다. 더 나아가 최근에는 전략적 구매, 통합구매 등의 방법으로
구매비용을 절감하고자 노력하그 있다. 목적은 한 가지이다. 좋은
제품(원하는 품질과 기술수준, 디자인 등)을 좋은 조건(구매비용의
절감)으로 구매하는 것이다.

따라서 영업전문가는 고객의 구매프로세스와 구매전략, 구매전
술들에 대한 이해가 되어야 전략적인 영업활동과 영업협상을 유
리하게 이끌 수 있을 것이다. 아래의 그림이 기본적인 구매업무
체계이다.

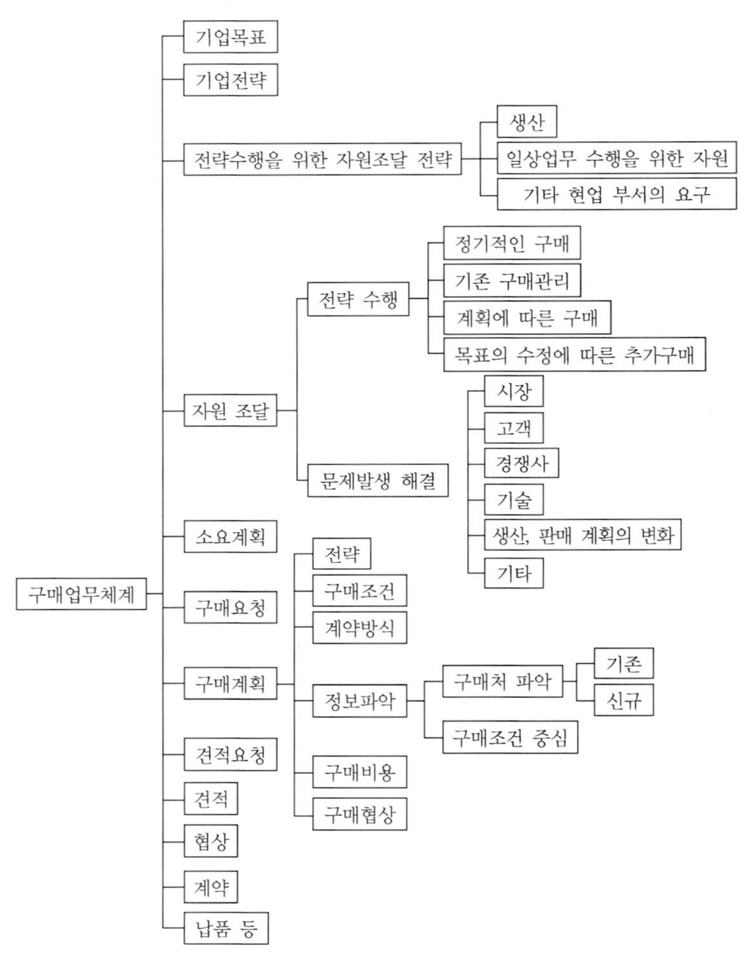

출처: 노진경, 『영업달인의 비밀노트』

〈그림 2-1〉 구매업무 체계

앞의 그림에서 파악할 수 있듯이 모든 구매는 목표로부터 시작된다. 지금부터는 B2B 영업을 중심으로 영업의 파트너들에 대해 알아보도록 한다.

● 기업목표 – 기업전략 – 자원조달 전략

기업은 항상 성장하고 발전하여야 한다. 모든 조직은 유지를 위해서 평균 7%의 성장을 하여야 한다고 조직전문가들은 말한다. 따라서 B2B 영업활동을 하는 영업전문가가 만나는 고객인 기업도 항상 성장을 위한 목표를 세우고 그 목표달성을 위한 기업의 경영전략을 수립하며, 그 경영전략어 맞춰 모든 조직기능(부서)의 업무목표와 업무수행 전략이 나온다. 즉 인사업무의 목표와 전략, 마케팅 목표와 전략, 영업 목표와 전략, 생산목표와 전략 등등의 목표와 전략들이 수립된다. 그리고 이 전략을 수행하는 데는 다양하고 많은 자원이 필요하다. 그 자원들 중 일부는 조직 내부에서 조달할 수 있고 나머지 조직 내부에서 조달할 수 없는 많은 자원들은 외부에서 조달하여야 한다. 이러한 필요에 의해 조직은 외부의 자원을 조달할 목표와 전략(구매목표와 전략, 구매계획, 예산수립 등)을 수립한다.

이를 정리하면 첫 번째 구매계기는 기업의 목표달성을 위한 각 전략의 수행에 필요한 자원을 정기적으로 구매하여야 한다. 생산목표를 달성하기 위해 기존의 원자재 구매 유지와 확대 생산을 위한 추가구매, 품질의 목표달성을 위한 더 나은 품질의 원자재 구매, 영업목표 달성을 위한 영업시스템 구매 등등의 전략수행을 위한 도구들인 자원을 구매한다. 이 구매의 계기가 영업전문가에게는 영업의 기회가 된다. 이러한 기회는 고객기업 내부에서 발생하는 것이다.

두 번째 구매계기는 고객기업의 외부에서 고객기업에 주는 자극으로 시장의 흐름, 고객과 소비자(최종 사용자)의 요구변화와 트렌드, 경쟁사의 출현, 새로운 기술의 대두, 고객 불만의 증가, 대체품의 출현, 고객의 고객인 다른 기업이 요구하는 품질 수준(기업 원자재 판매기업의 경우) 등등이 있다. 이러한 자극은 기업이 새로운 생산 시스템, 품질향상, 원가절감, 새로운 업무 프로세스 실행, 업무 문제의 해결 등의 과제를 주고 이 과제를 해결하기 위한 자원의 조달이 요구되어 구매프로세스를 가동하게 되는 것이다. 이 또한 영업의 중요한 기회이다.

● 소요계획과 구매요청

위의 두 가지 구매를 할 수밖에 없는 계기인 상황이 전개됨으로써 기업의 각 부서는 자신들의 업무목표를 달성하고 문제해결을 위해 해결책으로 새로운 자원의 활용을 검토한다. 이 검토과정이 완료되어 솔루션으로서 자원의 외부 구매가 필요하다는 결론이 난다면 각 부서는 조직의 최고경영자에게 구매해야 하는 이유를 정리한 구매계획서 또는 구매요청서를 작성, 보고를 통해 허락 및 결제를 받고 그 후 구매부서로 구매요청서가 발송된다. 이 단계가 영업전문가에게 주는 시사점은, 구매부서를 움직이는 일은 현업 기업의 현장부서라는 것이다. 구매부를 만나더라도 구매계획의 확인과 현장부서의 요청사항이 있는지를 확인하고 현장부서를 설득할 수 있는 영업활동을 전개할 수 있어야 한다.

● 구매계획－견적요청－견적－영업협상－계약

구매요청서를 받은 구매부서는 구매를 위한 본격적인 업무에 들어간다. 각 부서의 구매요청에 맞추어 연간 구매계획을 수립하고 필요한 구매예산을 확보한다. 여기서 아무리 조직의 자금이 부족하더라도 구매예산을 빠듯하게 책정하지는 않는다. 이유는 기본적으로 구매에 실패해서는 안 되기 때문이다. 하지만 구매부의 또 하나의 목표는 구매예산을 절약하는 것이기 때문이 이에 맞춰 구매전략(구매지용을 줄이기 위한 전략)을 수립한다. 여기에는 구매비용과 구매조건(가격, 납기, 품질 등), 계약방식(일괄구매, 분산구매, 경쟁입찰 등), 구매협상을 위한 전략과 전술 등이 포함된다. 이러한 모든 계획이 수립된 후 구매부는 가능한 공급업체에 먼저 견적요청서를 발송한다. 견적요청서에 대한 공급업체의 회신을 받아 다시 검토한 후 몇 개 기업을 선정해서 구체적인 구매협상에 들어간다. 구매협상이 완료되면 정식계약서를 작성하고 납품을 받는다.

영업을 하는 입장에서 고객사로부터(기존 고객이든, 신규 고객이든) 이러한 요청(견적서 요청 혹은 제안서요청)을 기다려서는 안 된다. 이러한 요청에 대비하는 것은 너무 수동적인 영업활동이 된다. 그리고 만일 구매부로부터 위의 요청이 있다면 구체적인 구매계획과 구매시기를 파악하여야 한다. 가장 매력적인 영업은 현장부서를 설득해 자신들의 업무목표 달성을 위한 구매요청을 하도록 하는 영업활동일 것이다.

위와 같은 프로세스로 고객기업의 구매부서가 움직인다면 영업전문가는 무엇을 어떻게 준비하고 영업활동을 하여야 하는가? 또 하나 위의 프로세스를 볼 때 구매부서가 가진 힘이 어느 정도라고 생각하는가? 고객사의 구매프로세스에 올바르게 이해하고 개입하여 강력한 영향력(고객이 자신을 선택하도록 하는)을 미칠 수 있다면 영업전문가에게는 좀 더 매력적인 영업의 기회가 되지 않을까? 이것에 대한 것을 하나씩 알아보기로 하자.

(2) 구매전략의 혁신과 영업의 대응

구매비용을 줄이기 위한 고객의 노력은 가히 경이적이다. 영업전문가는 이 부분에 대한 이해도를 올려야 한다. 전략적인 구매, 그룹 통합구매, 전산 시스템을 이용한 e-Procurement(디지털 입찰, 제안서 제출, 디지털 세금 계산서, 디지털 상담 등), 전략적 공급업체관리, 경쟁입찰, 전략적인 제휴 등의 방법을 통해 구매비용을 줄인다.

구매비용을 줄이기 위한 기업들의 노력을 보면 다음의 그림과 같다. 다음의 자료들은 인터넷의 지식공유를 통해 저자가 수집한 것이다.

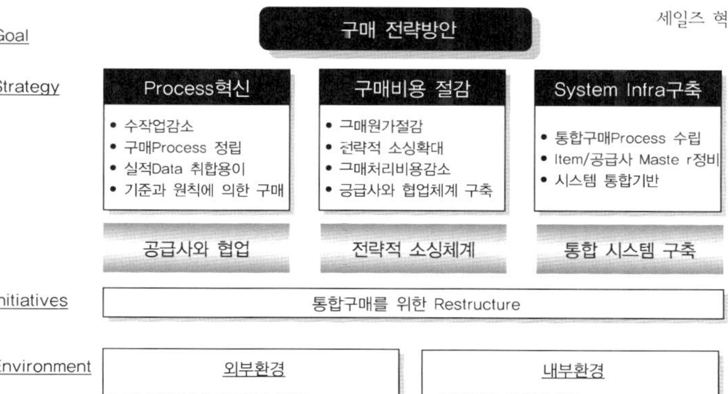

〈그림 2-2〉 구매전략 혁신 1

Fujitsu는 조직의 **Centralization**, 부품 표준화, 공급사 정예화 등 일련의 혁신 활동을 통해 기업 가치 창출에 주도적인 역할을 수행하고 있음

Fujitsu의 "Procurement Innovation 21" 개요

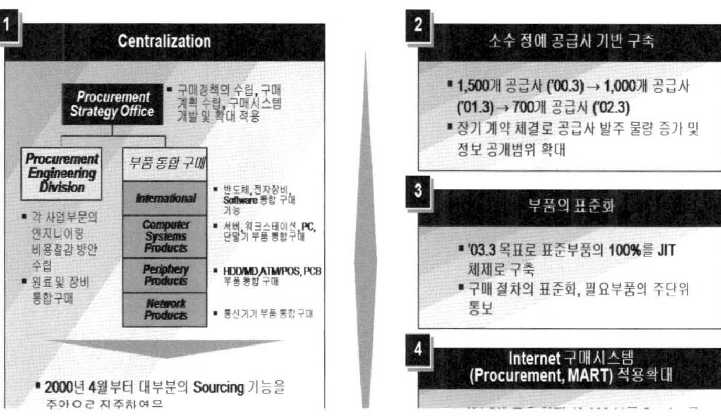

출처: Cyber.com

〈그림 2-3〉 구매전략 혁신 2

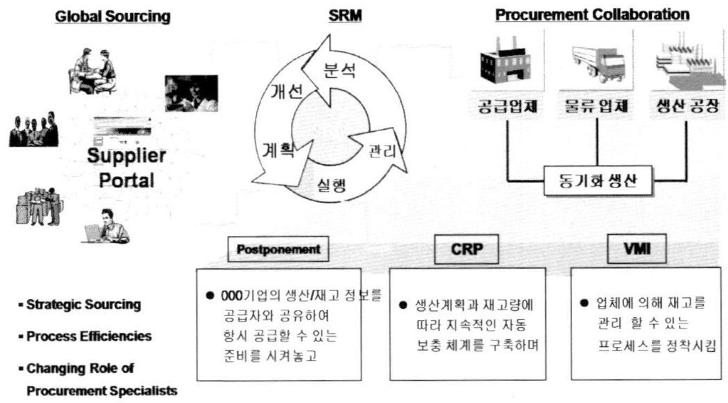

〈그림 2-4〉 구매전략 혁신 3

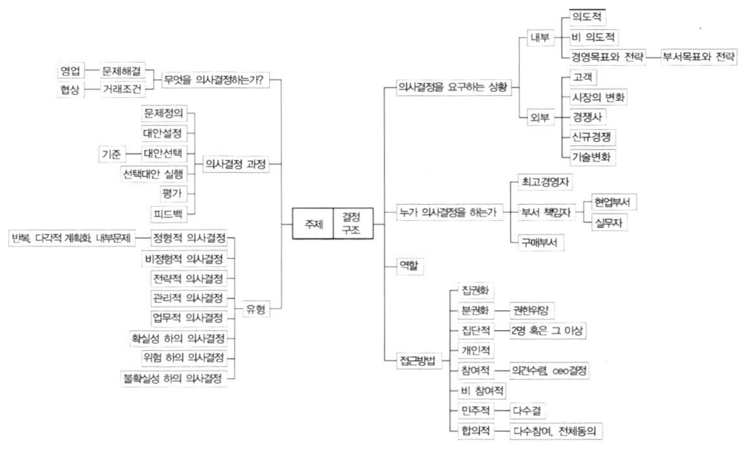

〈그림 2-5〉 구매의사결정 구조

이러한 전략들을 준비하고 고객은 업무를 수행하며, 그에 따른 준비를 마친 후 영업전문가를 만난다. 중요한 것은 이러한 구매업무의 근본 자원이 현장부서에 있다는 사실을 간과해서는 안 된다.

구매부의 의사결정 구조는 그림 2-5에서 보듯 다양한 요소들로 채워진다.

위의 구매전략의 혁신과 구매의사결정 구조를 파악해 영업전문가는 전략적인 공략을 하여야 한다. 이를 위해서는 각 구매관계자들에 대해 보다 깊은 이해를 한 후 효과적인 영업활동을 기획하는 것이 좋다. 따라서 구매담당자를 중심으로는 구매비용과 구매협상에 대한 이해를 하는 것이 중요하다. 나머지 구매관계자에 대해서는 뒤에서 하나씩 알아보기로 한다.

(3) 구매협상의 이해

구매부는 구매할 때 영업전문가 또는 공급업체와 구매상담을 한다. 상담의 주 내용은 ① 상품과 서비스에 대한 정보, ② 구매조건들이다. 상품과 서비스에 대한 정보를 수집할 경우에는 대부분 현장사용자나 전문가엔지니어가 함께 참석한다. 방식은 시연, 샘플 설명, 프레젠테이션 등의 방법으로 요구한다. 이때 구매담당자는 참석한 현장사용자와 전문가의 의견을 듣고 그들이 필요하다는 결론이 나야 다음의 구매단계로 들어간다. 따라서 영업전문가는 구매담당자가 요청하는 것이 위의 상품과 서비스의 가치를 알려 달라는 것인지 아니면 두 번째인 구매조건의 합의를 원하는 것인지를 구분할 수 있어야 한다.

구매담당자가 제안서를 요청할 때는 앞의 경우이고 견적서를 요청할 때는 뒤의 경우가 대부분이다. 그래서 제안서 요청의 경우에는 영업상담을 주로 준비하도록 하라. 견적서를 요청할 때는 협상을 준비하여야 한다. 여기서는 구매협상에 대해 간단하게 살펴보고 영업협상을 위한 지식과 방법에 대해서는 다음 시리즈에서 자세히 알아볼 것이다.

구매담당자가 구매조건을 갖고 구매상담, 즉 구매협상을 하는 이유는 한 가지 구매비용을 줄이기 위한 것이다. 구매비용은 매우 많고 다양하다. 물론 가격이 가장 큰 비중을 차지하지만 기타의 비용도 중요한 의사결정의 조건이 된다. 때에 따라서는 가격보다는 다른 조건들이 더 중요할 수도 있다. 영업전문가는 이러한 구매비용 중 이번 구매에서 어떤 조건이 중요한지 파악하는 것이 매우 중요하다. 우선 구매비용들에 대해 알아보도록 한다. 여기서는 일반적인 구매조건(가격, 납기, 품질 수준, 결제방법 등)에 대해서는 언급하지 않고 영업전문가가 놓치는 비용들에 대해 강조한다. 일반적인 거래조건들의 문제해결은 기본적으로 GIVE & TAKE이다. 이 부분에 대해서는 영업협상을 다룰 때 상세히 소개하도록 한다. 일반적으로 영업현장에서 많이 다루지 않는 비용에 대한 지식을 갖춤으로써 구매담당자의 고충도 이해하고 다른 영업전문가가 해결하지 못하는 비용의 해결을 통해 차별화된 영업활동을 전개할 수 있을 것이다. 아래 그림의 항목이 이러한 비용들이다.

구매비용과 대응
심리적 비용
전환비용
기존 거래처 관계
내부협의 비용
구매성고 비용
기회 비용
기다리기
문제해결 지연비용
의사결정 지연비용
내부 구매업무 진행비용
정보분석비용
제안서 분석
내부 의사결정 회의
내부 협의
정보탐색비용
초기 구매프로세스가동 비용
구매전략
구매준비 계획 등
구매회의 비용
구매 패턴
원, 부자재 비용
계획과 실행 비용
재고비용
긴급구매 비용
간접재
유지, 보수, 운전 자재
수시 구매에 따른 비용
거리 유지 비용
납기
품질 관리
기타 구매처 관리 비용
AB, 하자보수 비용
내부사용 정착비용
사용자
교육
습관화
구매와 영업의 차이 비용
협상비용
구매/영업 프로세스 차이 비용
재고 관리 비용
전자 구매 시스템
구매 긴급성 비용

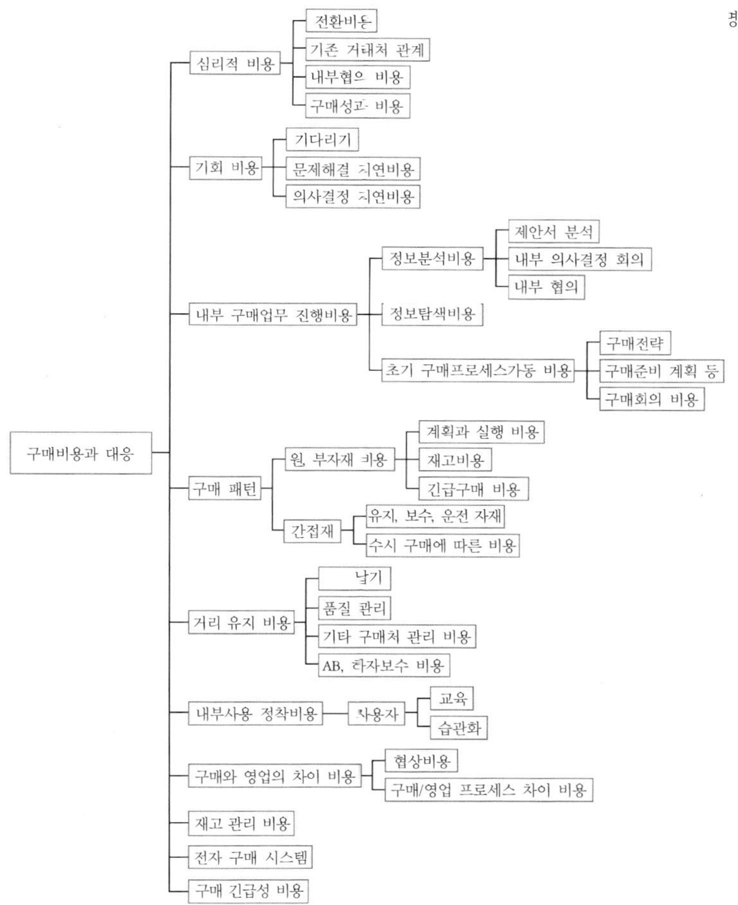

〈그림 2-6〉 구매비용

● 심리적 비용

구매담당자는 구매업무를 수행하면서 기존 구매처로부터의 지속적인 구매인 경우보다는 구매처를 바꿀 때 심리적으로 많은 부담을 지게 된다. 즉 새로운 구매처로 공급업체를 바꿈으로써 발생하는 전반적인 비용인 전환비용(새로운 구매처의 대응속도와 방법, 새로운 구매처의 상품과 서비스 수준, 비즈니스 파트너인 영업전문가의 능력과 수준 그리고 개인적인 성향, 거래조건을 협의하는 협상비용 등)이 들어간다. 이 비용들은 공급업체를 바꾸지 않으면 전혀 문제가 되지 않는 비용이다. 또한 기존 구매처에 대한 부담(더 이상 구매하지 않을 것이라는 사실의 통보)을 지게 되고, 거래처를 변경하는 것에 대해 내부 관계자들을 설득해야 하는 부담[사용자들의 사용습관의 변화에 대한 부정적인 반응, 구매처 변경에 대한 부정적인 시각-이 경우 현장의 사용자와 전문가들의 구매에 대한 적극적인 지원(사용자와 전문가들이 영업전문가가 제안한 솔루션에 대한 가치 인정, 확신, 수용)이 있다면 훨씬 부담이 줄어든다]을 갖게 된다. 마지막으로 구매 후 관계자들의 반응 즉 구매결과에 대한 구매관계자들의 평가(올바른 상품과 서비스의 구매, 구매조건에 대한 성과평가 등)에 신경을 쓰지 않을 수 없는 것이다.

영업전문가는 자신이 공략하는 고객이 기존 고객이든 신규 고객이든 이러한 비용이 의사결정을 지연하거나 그 대가로 다른 조건의 양보를 요구할 수도 있다는 것을 알아야 하고 적절히 대응하

여야 한다. 그리고 고객이 전환비용 대비 전환이익이 더 크다는 확신 사
실을 객관적인 자료들을 동원해 제안하고 설득할 수 있어야 한다.

● 기회비용

구매업무가 지연되거나 올바른 상품 또는 서비스의 구매가 제
때에 이루어지지 않아서 발생하는 고객 내부의 업무 문제해결 지
연 비용과 구매부에 대한 업무독촉의 비용이 발생한다. 또한 올바
른 정보파악과 자료준비의 부족으로 내부 의사결정 프로세스를
올바르게 진행하지 못해 발생하는 업무 지연의 비용도 있다. 즉,
제때에 올바른 구매가 이루어졌다면 지불되지 않았을 가시적(업
무 문제해결 지연으로 발생하는 경제적인) 비용과 비가시적(구매
부에 대한 압력, 업무 지연에 대한 질책 등) 비용이 발생한다. 이
비용의 발생을 막기 위해서 구매부서는 구매업무가 가동되지도
않았고 구매계획도 없고 구매시기가 아닌데도 영업전문가를 만나
정보를 수집한다. 여기서 구매담당자는 자신이 원하는 정보를 수
집하는 데 목적이 있다. 이 단계에서 영업전문가는 여기서 너무
강하게 구매담당자를 푸시(push)하면 고객이 상담을 거절하거나
필요한 자료만 제공하라는 제한적인 반응을 보인다.

● 구매업무 진행 내부 비용

구매업무를 진행하면서 구매담당자는 내부 관계자들의 다양한
요구(정보수집－견적서, 예상 구매처 등)를 받고 '필요한 정보를

정확하게 수집할 수 있을까? 수집된 정보를 어떻게 분석해 올바른 거래처를 선택할 수 있을까?' 등등의 부담감을 갖는다. 그 결과를 내부 구매관계자들과 협의하는 일, 구매결정이 이루어진 후 구체적인 구매계획(거래 조건 들)과 구매협상 전략(대부분 영업협상 전략과 전술)을 수립하는 데 비용이 소요된다. 또 구매업무의 미숙으로 충분한 시간을 확보하지 못해 구매협상에서의 파워가 약화됨으로써 생기는 비용들…. 이 비용들은 대부분 구매담당자도 인식하기 어려운 비용이다. 영업전문가가 이러한 비용을 줄여 줄 수 있다면 이 또한 경쟁력 있는 영업활동이 될 것이다.

경영계획에 따른 정기적인 구매라 하더라도 내부 경영상황의 변화와 외부 경영환경의 변화에 따라 구매프로세스를 가동하는 데 요구되는 비용도 달라진다.

● 구매패턴에 따른 비용

구매를 일시에 필요한 양을 모두 구매하게 되면 지불해야 하는 상품과 서비스의 가격이 부담된다. 또 일시에 많이 구매하면 재고관리에 비용(창고유지비용, 물품 적재 시 발생하는 하자비용 등)이 소요된다. 필요할 때 필요한 만큼 구매한다면 위의 두 가지 비용부담은 제거할 수 있지만 제때에 납품이 되지 않거나 품질문제가 발생해 사용자 또는 조언가로부터 부정적인 피드백을 받게 되는 비용과 업무지연의 비용이 발생한다. 또 구매하는 상품과 서비스가 생산에 필요한 원/부자재인가 아니면 일상적인 업무에 소요되는 물품인가에 따라 구매비용이 달리 발생한다.

원/부자재의 가격상승 예측으로 일시에 많은 구매를 하는 경우에도 비용 부담은 발생한다. 다행스럽게 원자재의 가격이 상승한다면 이 비용의 일부를 보전할 수 있겠지만….

구매패턴에는 기본방식으로 정략적 구매냐 정기적 구매냐가 있으며, 계약방식으로는 일반경쟁, 지명경쟁, 수의 계약이 있고, 지역으로는 지역집중이냐 지역분산이냐가 있으며 발주유형으로서 완전외즈, 가공외주, 조립외주, 특정공정외주의 방식이 있다. 각 구매패턴은 나름의 장단점과 비용의 과소가 있을 것이다. 영업전문가는 이러한 구매방식에 대한 대응력도 갖추어야 한다.

● 거래 유지비용

구매계약을 한 후 구매업무가 끝나는 것은 아니다. 구매계약을 한 후 정말 중요한 업무가 있다. 구매결정을 한 업무가 얼마나 잘 진행(납기 준수, 포장 방식, 품질수준의 유지, 서비스 및 클레임 처리 등)되는지에 대한 부담이 주는 심리적 비용, 문제발생 시 처리에 들어가는 시간과 비용, 구매처 관리 비용, 품질유지와 납기 준수를 확인하는 데 들어가는 비용 등이 발생한다. 때로는 구매처를 교육시키는 데 비용이 소요되기도 하고, 구매처의 품질이나 기술 향상을 위한 지원업무에 비용이 발생하기도 한다. 더 나은 거래처가 나타난 후에도 기존 구매처를 바꿀 수 없는 이유 때문에 발생하는 비용도 있다.

● 내부 정착비용

개인 소비자가 자신의 삶의 질을 올리기 위해 상품과 서비스를 구매하는 경우에도 그 후 사용방법을 익힐 때까지 시간과 비용이 들어간다. 즉, 기존의 습관(다른 상품과 서비스를 사용하던 습관 또는 한 번도 사용한 경험이 없는 상태에서 구입한 상품과 서비스를 사용해야 하는 불편함)을 바꾸어야 하는 노력이 들어간다. 하물며 조직의 업무수행을 위해 상품과 서비스를 사용해 온 과거의 습관(공정방식, 작업방식, 업무 프로세스, 원자재의 익숙함 등)이 새로운 상품과 서비스의 구매를 통해 바뀌어야 한다는 것은 개인적으로 환영받지 못하는 일이다. 그 구매가 필요에 의해 구매를 하였다고 하더라도 사용법을 익히는 데 시간이 소요되고 불편한 과정을 거쳐야 한다.

구매하는 입장에서는 이러한 시간과 비용 또한 매우 중요하다. 이유는 구매한 상품과 서비스를 사용하는 부서의 불편함은 큰 비용으로 발전할 수도 있기 때문이다.

● 협상비용

구매관계자 중 구매담당자는 영업전문가와 최종 구매계약을 위해서는 구매협상을 하여야 한다. 구매협상의 목적은 구매조건을 자사에게 유리하게 변경함으로써 구매비용을 줄이고 구매 효율화를 강화하기 위해서이다. 구매협상은 영업과는 다르게 시간과 많은 노력이 요구된다. 당신이 영업전문가라면 이 사실을 간과해서

는 안 된다. 더더욱 협상하지 않고 구매담당자의 요구를 받아주
용해 주는 것은 바람직한 결과를 가져오지 못한다(구매담당자는
승자의 딜레마에 빠진다). 비록 자신의 요구가 수용되었더라도 영
업전문가와 올바른 구매협상을 진행하지 않음으로써 더 많은 심
리적인 부담을 안게 되는 것이다.

특히 영업전문가가 협상의 귀재이거나 공급업체의 파워가 막강
하다면 구매담당자는 구매협상에 많은 준비시간을 소요하게 된
다. 구매담당자와 진지한 협상을 전개함으로써 구매담당자의 역
할을 강화시켜 주는 것이 필요하다. 이와는 반대를 구매담당자와
협상할 때 제대로 준비된 전문가로서 영업협상에 임하는 것이 구
매담당자의 구매협상 관련 비용을 줄여 줄 수도 있을 것이다.

● 재고 관리 비용

고객기업은 자사의 업무수행(생산부의 생산, 기타 현업부서의
업무수행)을 위해 많은 자원을 외부에서 조달한다. 이 물품들 중
상당 부분은 즉시 구매와 사용이 어려워 미리 구매해 재고로 관리
한다. 이 재고는 관리비용과 손실비용이 발생한다. 이 비용 또한
구매부는 신경을 쓸 수밖에 없는 비용이다. 구매담당자는 이 재고
비용을 줄이고자 하는 욕구가 있음을 알고 영업전문가는 고객의
재고비용을 줄여 줄 수 있는 창의적인 아이디어를 제안함으로써
구매담당자의 부담을 줄여 줄 수 있다.

● 구매의 효율성

이 비용은 구매업무의 성과가 기업의 생산성과 업무효율에 미치는 영향을 의미한다. 구매의 수준과 구매의 적절성은 구매한 상품과 서비스를 사용해 업무를 수행하는 현업부서의 생산성과 성과에 지대한 영향을 미친다. 구매담당자는 이 영향을 긍정적으로 만들고자 한다. 구매담당자는 구매를 시기적절하게 하는 것, 원하는 품질과 기능의 상품과 서비스 구매를 위해 현업부서와의 긴밀한 협조를 한다. 여기서 고려되는 구매를 위한 내부 협의 비용을 영업전문가가 적절한 영업활동으로 지원해 준다면 구매담당자로서는 큰 힘이 될 것이다.

이상의 구매비용을 이해하는 영업전문가는 고객의 많은 고충을 해결해 줄 수 있는 유능한 영업전문가가 될 것이다. 이 비용들에는 영업전문가의 개인적인 노력과 능력으로 지원해 줄 수 있는 기회가 많기 때문이다. 다음으로는 구매담당자가 어떤 과정을 거처 구매협상을 준비하고 실행하는지를 이해하여야 한다. 다음 그림이 구매협상의 모든 요소와 프로세스이다.

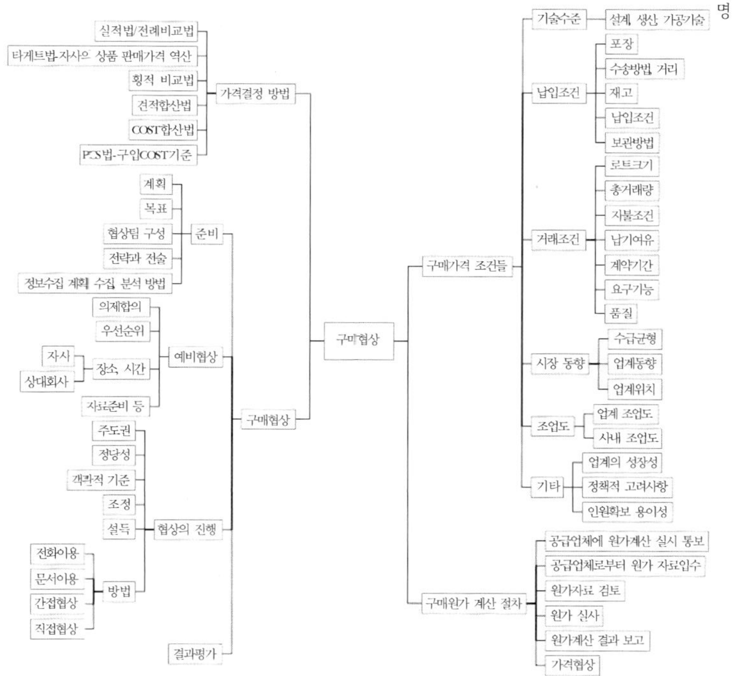

〈그림 2-7〉 구매협상과 프로세스

우선 기억할 것인 고객인 구매담당자는 자신들의 구매예산이 비용이기 때문에 철저하게 관리하고 아끼는 것이 목적이다. 구매부는 특별한 경우(자원의 환차손을 막기 위한 경우 등)를 제외하고는, 선 구매는 없다. 그들은 철저하게 구매계획에 의해 구매업무를 진행한다. 이 말은 구매시기가 정해져 있다는 것이다. 영업 전문가는 고객의 구매시기, 구매절차, 구매방법 등을 알 수 있어야 한다.

앞의 그림에서 보듯이 구매담당자들은 구매조건을 내부적으로 준비하는 작업을 먼저 한다. 구매원가를 계산하고 구매방식을 결정하며 영업전문가와 어떻게 협상을 진행할 것인지 전략과 전술을 준비한다. 그들은 절대로 조급함을 드러내지 않는다. 많은 옵션(대안)이 있다고 메시지를 보낸다. 철저하게 준비한 구매담당자와 협상을 진행하기 위해서 영업전문가는 협상에 대해서도 전문가 수준이 되어야 한다.

다음의 항목은 협상 테이블에서 상호 활용하는 협상전술들이다. 특히 구매담당자는 아래의 전술을 활용하는 데 능하다. 문제는 영업전문가가 고객의 반응과 메시지가 전술의 활용이라는 것을 파악 하는 것과 적절하게 대응하는 능력을 갖추는 것이다. 더 중요한 것은 아래의 전술들을 영업전문가도 활용할 수 있어야 한다는 것이다. 각 전술에 대한 활용과 대응능력에 대해서는 다음 시리즈에서 알아보도록 하고 여기서는 전술의 다양함을 이해하도록 한다.

● 협상전술들…
 1. 인내하고 인내하라.
 2. 협박에 의연하게 대응하고 역으로 이용하라.
 3. 갑작스러운 충격에 대응하라.
 4. 말을 아끼고 상대의 말을 유도하라.
 5. 어부지리를 노려라.

6. 감정을 조절하고 이용하라.

7. 상대의 말을 경청하는 것이야말로 최대의 전술이다.

8. 때를 살펴 협상을 진행하라.

9. 상대의 패에 따라 적절한 카드를 제시하라.

10. 협상의 안건을 선별하고 우선순위를 정하라.

11. 작고 쉬운 것부터 시작하라.

12. 악역을 등장시켜 상대의 기대수준을 낮춰라.

13. 감춰진 언어를 읽어라.

14. 작은 것을 양보하고 든 것을 얻어라.

15. 양보에도 법칙이 있다.

16. 양보의 법칙에도 예외가 있다.

17. 협상의 목표를 명확하게 설정하라.

18. 질문은 질문답게, 대답은 대답답게 하라.

19. 원하는 것 이상을 요구하라.

20. 제안 원칙 – 등거리 법칙을 따르라.

21. 엄살을 피워라.

22. 모든 것은 협상이 가능하다.

23. 상대의 제안에 내키지 않는 척하라.

24. 위임의 법칙 – 마누라 핑계 대기.

25. 정면대결을 피하라.

26. 상대의 허점을 이용하라.

27. 협상의 이해관계자(청중, 언론)를 활용하라.

28. 충격에 대비하라.

29. 소신을 유지하고 일관성을 지켜라.

30. 상급자(협상의 최종결정권자)와 대화하라.

31. 공격적인 질문은 구렁이 담 넘어가듯 일단 피하라.

32. 마감 기일을 활용하고 그에 적절히 대응하라.

33. 모든 결정사항은 낱낱이 서면으로 확인해 두어라.

34. 허풍과 기만에 냉정하게 대처하라.

35. 거절하기 어려운 카드를 제시하라.

36. 논쟁을 피하고 설득하라.

37. 보안을 유지하라. 상대의 비밀을 지켜라.

38. 분쟁이 일어나면 조정과 중재를 효과적으로 이용하라.

39. 단계별 재협상을 활용하여 실패를 만회하라.

40. 기정사실화하라.

41. 최후통첩으로 두 마리 토끼를 잡아라.

42. 주도적으로 협상하라.

43. 첫 번째 제안에 만족하지 마라.

44. 인간관계에 의존하지 마라.

45. 상대의 체면을 살려 주라.

46. 때로는 상대를 기만하여 원하는 것을 얻으라.

47. 불평을 일삼기보다는 불평을 해소하라.

48. 자기가 원하는 선에 말뚝을 박아 놓고 상대를 설득하라.

49. 양보의 허구를 알아라. 양보는 양보를 부른다는 사실을

직시하라.

50. 뜨거운 감자를 쥐지 마라. 상대의 문제를 떠안지 마라.

51. 맞바꾸어라.

52. 거절할 수 없을 때는 조금씩 챙겨라.

53. 당근과 채찍을 활용하라.

54. 정보를 활용하라.

55. 제3자(중재자)를 개입시켜라.

56. 정당성을 확보하라.

57. 전문가(협상 창구)를 이용하라.

58. 때로는 비공식적 협상을 진행하라.

59. 양자택일하도록 하라.

60. 다양한 협상의 의제를 발굴하라.

61. 'If~'라는 표현을 활용하라(만일 ~한다면).

2) 현업사용자

다음으로 영업전문가가 중요하게 생각해야 하는 파트너는 고객 기업의 현장사용자 또는 사용부서이다. 위에서 강조한 대로 이들은 각 부서의 실무자들이자 부서 책임자들이다. 이들에게는 기업의 경영목표와 전략에 따라 달성해야 하는 업무목표와 전략이 주어진다. 예를 들어 기업의 경영목표가 '고객만족'이라고 해 보자. 고객만족을 위해서는 모든 부서의 업무를 크든 작든 혁신하고 프로세스를 바꿔야 한다. 영업전문가가 제안하는 상품과 서비스가 제공해 주는 가치는 생산부의 원가절감과 품질향상이다. 이를 통해 고객이 자신의 고객들이 원하는 수준의 품질을 올리거나 원가절감을 통해 고객의 가격요구조건을 만족시켜 줄 수도 있다. 물론 구매원가를 줄여서도 가능하지만 이것은 영업전문가의 매출 이익률이 떨어진다.

영업전문가는 이러한 사실을 정리해 현장부서를 공략한다. 그들의 생산원가 절감과 품질향상의 가치를 제안해서 설득한다. 현장사용부서가 조직에 구매요청을 하도록 그들을 설득하는 영업활동을 전개하는 것이다. 현장에서의 구매요청이 구매계획의 대부분을 차지함을 잊지 말고 활용할 수 있어야 한다.

이들의 관심사는 ① 업무 문제의 신속한 해결, ② 서비스의 신속함과 신뢰성, ③ 제품과 서비스의 안전하고 신속한 활용, ④ 부서, 현업에 대한 기여도 및 생산성, ⑤ 제품, 서비스, 기술의 우수성, ⑥ 사용 및 운영의 편리성, ⑦ 문제해결 및 개선효과, ⑧ 가격조건, 인적 유대관계, ⑨ 공급업체 지원, ⑩ 적용사례 및 타사 도입사례 등이다.

영업활동과 협상활동을 구분할 수 있는 영업전문가라면 현장사용자들이 얼마나 중요한 역할을 하는 영업의 파트너인지를 잘 알 것이다. 이들과 우호적인 관계를 맺고 적극 공략하도록 하라.

3) 전문가, 엔지니어

고객기업 내의 전문가 또는 엔지니어는 고객의 구매의사결정에
결정적인 조언을 한다. 즉, 영업전문가의 제안이 자사의 업무목표
달성에 기여할 수 있는 수준을 기술적으로 또는 품질, 호환성, 작
업의 연계성, 생산성의 기여도 정도를 평가하는 역할을 한다.

이들을 영업전문가가 직접 만나는 경우는 드물지만 영업의 단
계를 진행하는 과정에서 이들을 만난다. 예를 들어 프레젠테이션
에 참석한다거나 전문가 미팅을 주선해야 하는 경우에 이들을 만
난다. 이들의 평가결과는 절대적이다. 현장사용자의 요청으로 구
매계획에 있는 상품과 서비스라도 이들의 판단이 적절하지 않은
것으로 나온다면 구매 자체가 불가능한 경우가 많기 때문이다. 따
라서 영업전문가는 이들을 대응할 수 있는 준비도 하여야 한다.

이들은 ① 솔루션의 기술적 기준과 규정, ② 리스크의 발생 가
능성, ③ 제품 혹은 서비스 그 자체 기술적 우수성, 우위성, ④ 자
사 적합성, ⑤ 차별화 포인트 등에 관심을 갖는다.

4) 의사결정권자

의사결정권자는 말 그대로 구매의 최종결정을 하는 고객사 내
부 관리자 또는 책임자, 임원 CEO이다. 영업전문가는 이들을 만날
수도 있고 만나지 않고 영업의 성과를 올리기도 한다. 사실 만나

지 않는 경우가 더 많을 것이다. 하지만 이들이 가진 영향력은 현업사용자와 구매담당자에게 직접적인 영향을 미친다.

이들의 관심사는 ① 투자대비효과, ② 생산성, 경쟁력 향상, ③ 성장(시장, 매출, 이익, 조직)에 대한 기여도, ④ 고객만족도 및 회사 이미지, ⑤ 사업 수익성, 업계동향, ⑥ 경쟁사 동향, 인적 유대관계 등이다.

❸ 영업파트너별 솔루션과 영업도구 개발

영업전문가는 자신이 만나는 고객의 구매프로세스상 역할에 맞는 상담준비를 하여야 한다. 의사결정권자가 구매를 결정하는 중요한 역할을 한다고 의사결정권자만을 대상으로 영업활동을 할 수는 없다. 구매담당자가 구매업무를 책임진다고 그들만을 대상으로 영업활동을 할 수도 없다.

그리고 영업의 방식이 In-Bound 영업인지 Out Bound 영업인지에 따라 영업의 전개도 조금씩 다르다. 하지만 고객의 역할은 근본적으로 변하지 않는다는 것을 기억하라.

1) 구매담당자

구매담당자를 대상으로 영업활동을 전개하기 위해서는 영업활동과 협상활동을 병행해야 한다. In Bound 영업 상황인 경우에는 고객의 구매프로세스가 진행되었다는 것을 의미한다. 고객이 제안서를 요청하거나 샘플 또는 시연을 요청할 수도 있고 프레젠테이션, 자사 공장 견학 등을 요청할 수도 있다. 이때는 영업전문가는 신속하고 명확하게 고객의 요청에 응해야 한다. 이러한 상황에서 고객은 영업전문가가 요청하는 정보와 자료(고객의 니즈, 해결할 문제 등)도 제공해 준다. 보다 설득력 있는 영업활동이 가능하다는 것이다. 또한 고객이 견적서를 요청할 수도 있다. 이 견적서를 요청한 고객이 영업전문가가 이제껏 만나고 상담해 온 고객일 수도 있고 처음으로 고객이 접촉해 온 경우도 있다. 이럴 때는 협상을 준비하는 것이 필요하다. 견적서를 보낼 때 "중요한 구매조건은 무엇인지? 견적서의 용도가 무엇인지?"를 묻고 필요하다면 협상이 가능하다(조건의 협의가 가능하다는)는 메시지를 고객에게 전해야 한다. 즉, 발송한 견적서가 부담이 된다고 고객이 곧 구매의사를 철회할 수도 있기 때문에 발송하는 견적서는 표준견적서라고 하고 언제든 협상에 임할 준비가 되어 있음을 알려야 한다.

Out Bound 영업의 경우 우선 고객의 구매계획에 자사의 상품과 서비스가 포함되어 있는지 알아야 한다. 그렇지 않은 상황이라면 구매계획에 포함시키는 영업활동(현업사용자를 공략하거나, 구매계획의 수립 시기를 알아 적절한 대응을 하는)을 전개하여야 한

다. 가망 공급업체 리스트에 자사가 올라가 있지 않다면 리스트에
올리는 작업을 하여야 한다. 아직 구매요청이 없다면 현장부서를
공략해 구매요청을 하도록 영업활동을 전개하여야 한다. 이 활동
이 영업활동이다. 그 다음은 당연히 협상으로 진행된다.

자사의 상품과 서비스를 고객이 정기적으로 사용해야 하는 경
우에는 늘 구매계획(반복구매)에 올라가 있다. 이때는 처음부터
협상을 전제로 구매담당자와 상담을 진행하는 것이 좋다.

다음 그림이 구매담당자를 공략하는 영업활동의 내용들이다.

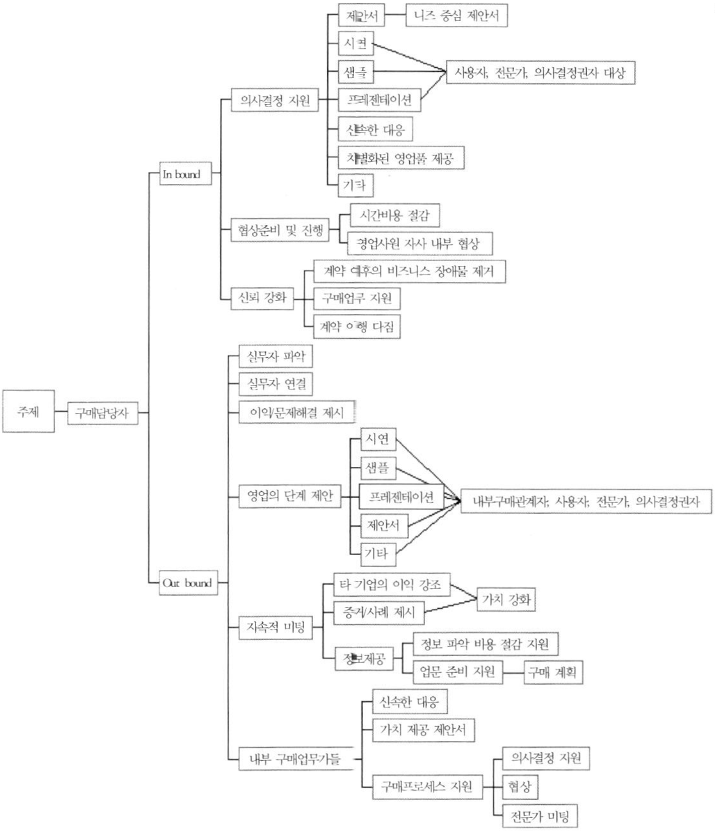

출처: 노진경, 『영업달인의 비밀노트』

〈그림 2-8〉 구매담당자 솔루션과 영업활동

영업활동을 위한 도구와 상담에 대해서는 다른 장에서 충분히 강조하였다. 여기서 구매담당자를 대상으로 협상할 때 준비해야 하는 협상의 도구들 중 비즈니스 조건들의 항목에 대해서 알아본다. 다음의 조건들이 협상의 도구 조건들이다. 고객이 어떤 조건을 우선순위로 하는지를 파악하고 모든 조건이 협상의 내용임을 기억하도록 하라. 그래서 영업이익률의 보호에 신경을 써야 한다.

● 협상의 도구: 협상에서 합의할 조건들

  a. 대금 지불 조건

    — 대금 지불 방법

    — 통화의 종류-국제거래

    — 할부와 기간

    — 선불 시 가격할인 여부

    — 선불 혹은 후불 가능성

    — 취소 불가능 계약서

    — 3자 결제 방식

    — 결제 시기

    — 결제 위약 시 처리 방법

  b. 납품 조건

    — 수량

    — 포장 단위를 요구대로 해 줄 경우 대가 요구

    — 운송/보험관계

    — 보관 중 피해의 책임소재

    — 포장지 구매 시 구입자의 상표명 사용 가능성

    — 용기의 방수, 방풍, 방충 문제

    — 잔여 물량의 보관방법

    — 보관비용 부담 방법

    — 인도 시 물품 검사 방법

c. 규격, 품질

    — 규격과 품질에서 필수 요건 합의

    — 품질의 변동 없이 규격 변동 가능성

    — 품질의 95% 유지 가능성

    — 내구성과 가격의 관겨

    — 규격조건과 가격

    — 잔여 물량에 대한 규격조건 적용 여부

    — 이상적인 규격 조건고 실제 사용상 필요조건

d. 수급관계

    — 독점 공급업체로서 누릴 수 있는 특혜

    — 여러 공급업체와의 ㄱ래 필요성

    — 독점 공급 시 적정 계약 기간

    — 계약 기간 중 가격 조정 가능성

    — 독점 계약 시 광고 및 홍보비 분담

    — 판매 홍보의 분업

e. 위험

    — 보험료 부담 가능성

    — 보험 종류

    — 불량품 교체 시 부담 여부

— 계약 불이행 시 책임

— 품질 보증기간

— 품질 검사 담당 여부

— 제품 성능 측정

— 보험금 분담 가능성

— 보험 적용 가능 항목

— 특허권, 저작권 위반 시 책임

— 세금 및 기타 부채 책임

f. 시간

— 물품인도 시기와 방법

— 계약기간

— 최종인도 시점

— 물품의 사용 가능 시기

— 계약 진행 상황 체크 여부

— 계약 이행 세부절차 확인

— 납품 후 검사기간

— 납품일정의 조정 가능성

2) 현장사용자

현장사용자 또는 사용부서를 대상으로 영업활동을 전개할 때는 고객이 가진 업무목표와 해결할 문제, 장애물들에 대한 이해가 출발점이 된다. 앞에서 강조하였듯이 고객은 자사 경영목표 달성을 위해 각 부서에 업무목표를 부과한다. 따라서 조직의 성공과 실패는 이 업무목표의 달성 여부에 달려 있다고 볼 수 있다. 이 현장부서의 필요가 구매계가 되며, 구매계획 수립과 구매예산 확보의 기초이다.

영업전문가는 이러한 고객의 구매필요 상황을 잘 파악해 고객을 공략하여야 한다. 현장부서를 적극 공략하는 영업활동을 전개하라. 현장의 필요가 강할수록 구매의 힘이 떨어진다. 이것이 의미하는 것은 다소 유리한 조건으로 비즈니스를 할 수 있다는 것이다.

다양한 영업의 도구와 사례를 준비해 현장부서의 실무자 또는 책임자를 중요한 영업의 파트너로 활용하도록 하라. 긴급상황이 발생하는 경우도 현장에서이다. 때로는 현장부서의 실무자가 영업전문가를 찾는 경우도 있다. 이때 신속한 대응이 고객을 머물도록 하는 능력이다. 구매부서의 요청은 항상 시간적인 여유가 있다. 왜냐하면 구매부서는 구매협상을 전제로 연락하기 때문이다. 그러나 현장부서와의 접촉은 그렇지 않은 경우가 많다는 것을 잘 활용하기 바란다. 이것을 위해 영업조직의 업무시스템을 혁신할 필요도 있다.

신규고객을 개발할 경우에도 현장부서를 먼저 접촉하는 것이 유리하다. 그들에게 그들의 업무목표를 달성하는 차별화된 능력을 보여 주는 것이 좋다. 그들의 니즈를 끌어내고 필요를 강하게 느끼도록 하라.

다음의 그림을 참고로 하여 현장부서와 현장의 실무자를 공략하도록 하라.

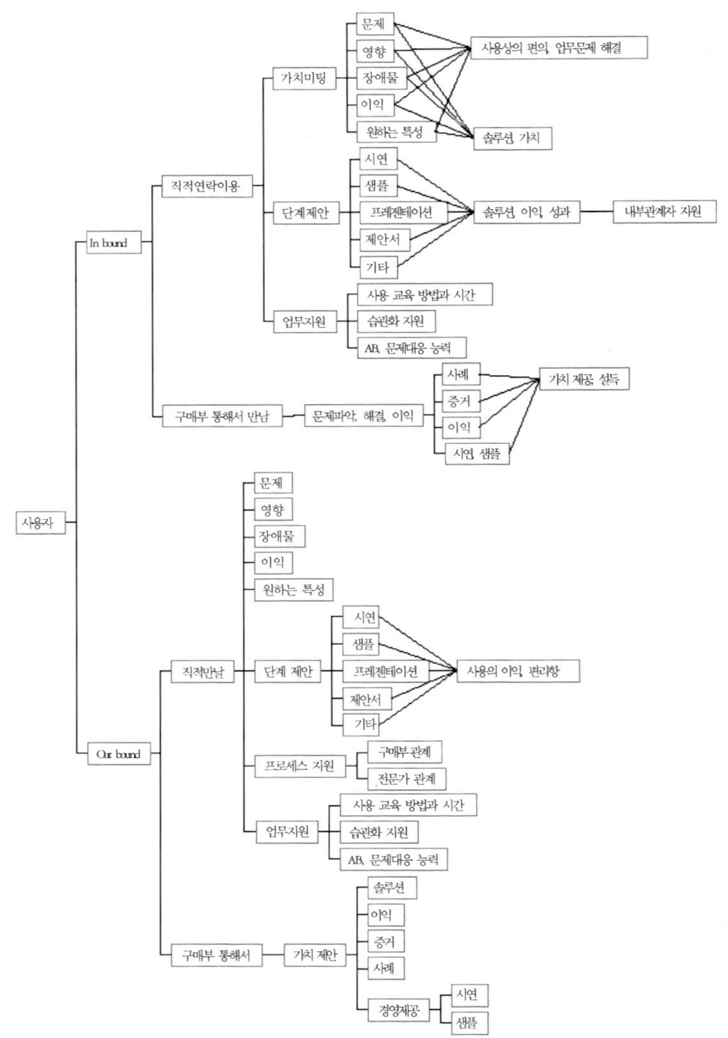

〈그림 2-9〉 현장사용자 솔루션과 영업활동

3) 전문가, 엔지니어

영업전문가는 고객의 내부 전문가 또는 기술담당 엔지니어를 대상으로 영업활동을 전개할 수 있는 능력을 갖추어야 한다. 이들을 첫 접촉의 대상으로 공략할 스도 있고 영업단계의 중간에 만나 상담할 경우도 있다. 이들이 가진 구매의사결정과정에서의 힘은 앞에서 충분히 강조하였다. 때로는 이들을 전략으로 활용할 필요도 있다.

이들을 대상으로는 전문가 미팅이라는 영업도구를 적극 활용하고 자사 내부의 전문가들과 팀 영업활동을 준비하면 좋다. 영업전문가가 이들을 상대로 상담을 전개하는 능력이 있더라도 자사의 전문가와 전문가 미팅을 주선하 주면 이들의 구매동기를 자극할 수도 있기 때문이다.

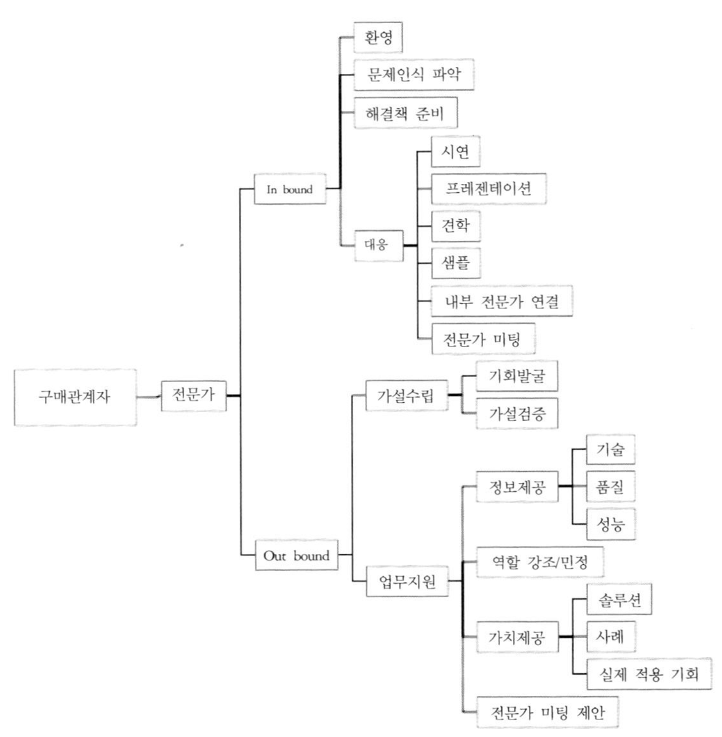

출처: 노진경, 『영업달인의 비밀노트』

〈그림 2-10〉 전문가 솔루션과 영업활동

4) 의사결정권자

영업전문가가 고객의 의사결정권자를 만나 영업상담을 전개하거나 협상을 하는 경우는 그렇게 흔하지 않다. 고객 내부 의사결정권자를 설득하는 역할은 영업 파트너인 실무자들인 경우가 많다. 따라서 영업전문가는 영업의 파트너들과 상담하는 과정에서 그들이 의사결정권자를 움직이는 데 필요하거나 의사결정권자들이 원하는 자료를 제공하는 것이 중요하다.

만일 의사결정권자를 만나 상담하는 경우에는 실무자와의 상담과는 다른 준비를 하여야 한다. 이유는 니즈와 관심사가 다르기 때문이다. 그리고 이들과의 상담을 위해 영업전문가는 자신의 조직과 상사의 도움을 받을 수 있어야 한다.

다음 그림을 참조해 의사결정권자에 맞는 영업활동을 기획하기 바란다.

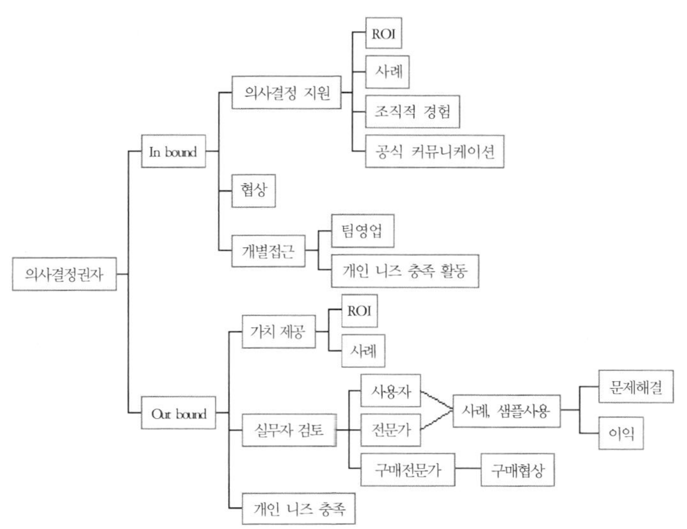

출처: 노진경, 『영업달인의 비밀노트』

〈그림 2-11〉 의사결정권자 솔루션과 영업활동

④ 영업파트너십 개발 - 챔피언 확보

영업전문가는 고객을 자신의 비즈니스 파트너로 만들어야 한다. 이 말에 모든 영업전문가는 기꺼이 동의할 것이고 또 그렇게 되기를 원할 것이다. 중요한 것은 고객이 영업전문가를 자신의 비즈니스 또는 업무 파트너로 생각하는가이다.

파트너는 상호 이익을 추구하며, 비즈니스에 대한 신뢰가 돈독하고, 업무수행능력에 대한 믿음과 그 성과를 확신할 수 있으며, 지속적인 관계 유지의 강한 필요성을 갖는다. 당신이 영업을 하면서 당신의 고객에게 이와 같은 당신의 이미지를 구축한다면 영업에서 당신의 성공은 보다 쉬워질 것이다. 고객 또한 영업전문가가 자신의 비즈니스와 업무목표를 달성하고 성과향상을 지원해 주는 파트너임을 인정하면 영업전문가에게 많은 도움을 줄 것이다.

다음 사항들을 자신의 것으로 만들어 고객이 찾고 반기는 영업전문가이자 고객의 비즈니스 파트너가 되도록 하라.

1) 고객의 비즈니스를 이해하라

고객은 자신의 비즈니스에 대한 해박하고 깊은 지식을 갖춘 영업전문가를 좋아한다. 대화의 공통점을 찾을 수 있으며, 영업전문가가 가진 지식을 자신의 지식으로 활용할 수 있기 때문이다. 영업전문가도 고객의 비즈니스를 알면 알수록 어떻게 고객을 도와

줄 수 있는지 통찰력을 갖게 된다. 고객의 비즈니스가 미래에 어떤 변화와 혁신을 겪을지를 지혜롭게 통찰할 수 있어야 한다. 이 통찰력은 더 많은 비즈니스의 기회를 가져다줄 것이다. 고객이 속한 산업의 경쟁구도, 대체재의 존재 여부, 신규진입자의 여부, 기존 공급업체의 한계, 고객의 고객이 가진 구매력과 협상력 그리고 거시환경의 변화 등에 대한 지식을 쌓도록 하라.

2) 고객의 개인적인 니즈를 이해하고 충족시켜라

영업은 비즈니스다. 영업전문가가 만나는 고객도 비즈니스를 하는 사람이다. 따라서 고객과 상담할 때 비즈니스 중심으로 이야기한다. 이제까지 이러한 생각을 하고 영업을 하였다면 지금부터는 하나 더 추가하라. 고객은 비즈니스에 대한 욕구 또는 문제만으로 의사결정을 하지 않는다는 것을 알아야 한다. 고객은 영업전문가와의 비즈니스 결과가 미칠 영향에 대해서도 아주 민감하다. 고객은 영업전문가와의 비즈니스를 통해 자신의 능력을 인정받고 싶어 한다. 자신의 결정이 다른 조직 구성원들에게 부담이 되어서는 안 된다. 그들과의 관계에 틈이 생겨서도 안 된다. 더 나아가 자신의 위치가 흔들려서는 더더욱 안 된다. 그리고 자신에게 주어진 역할의 수행과 그것의 영향력을 확인하고 싶어 한다. 영업전문가는 고객이 가진 이러한 개인적인 욕구와 니즈를 파악하고 충족시킬 수 있는 대안들을 마련하여야 한다.

더 나아가 고객과의 인간적인 관계도 한 단계 업그레이드하도록 하라. 개인적인 관심을 가져 주고 항상 고객의 말을 경청하며 무엇인가 도움을 주려는 태도를 갖도록 하라. 고객의 요구에 신속하게 대응하고 고객과의 커뮤니케이션에서 아주 작은 오해도 발생하지 않도록 주의하라. 비즈니스 매너와 에티켓을 갖추고 약속한 것은 반드시 지키도록 하라. 인간적인 매력을 갖추는 데 투자하라. 인간적인 측면과 고객의 감성을 자극하는 영업활동을 전개하도록 하라.

3) 거래를 강요하지 말고 거래가 발생하도록 하라

고객이 영업전문가를 통해 기대하는 것은 자신과 자사의 문제를 해결하는 방법과 욕구를 충족시키는 솔루션과 그것에 대한 신뢰이다. 하지만 대부분의 영업전문가는 자사와 판매하려는 상품의 장점을 나열하는 데 급급하다. 따라서 영업전문가 중심의 일방적인 커뮤니케이션이 된다. 영업 커뮤니케이션의 기본은 쌍방향 커뮤니케이션이 이루어져야 한다.

거래가 발생하는 것은 고객의 요구와 영업전문가의 해결안이 일치할 때이다. 그 일치를 위해서는 고객의 목표달성과 문제해결을 중심으로 쌍방향 커뮤니케이션을 하도록 하라. 질문하고 고객 스스로 솔루션에 대한 관심과 욕구를 갖도록 상담을 이끌어 고객이 스스로 구매결정을 하도록 하라….

4) 문제해결의 전문가가 돼라

문제해결의 프로세스는 문제인식->원인발견->가능한 해결책 탐색->바람직한 해결안 결정->실행->피드백이다. 이 프로세스는 영업전문가가 고객을 만나 영업상담을 할 때도 유용한 방법이다. 그리고 고객도 자신과 상담하는 영업전문가가 현명하고 지혜롭게 자신의 문제를 해결해 주는 능력을 갖기를 바란다.

고객의 문제를 발견하는 도구를 통해 고객이 가진 문제를 찾도록 하라. 고객이 스스로 문제를 인식하도록 자극하는 정보를 제공하라. 고객이 스스로 그 문제를 해결하여야 한다는 목표의식을 갖도록 하라. 자신의 솔루션(해결책)으로 고객을 유도하라. 그러기 위해서는 자사의 능력과 상품에 대한 지식이 필수적이다. 그 해결책이 왜 가장 바람직한 해결안인지를 갖고 고객을 설득하라. 설득에 요구되는 증빙 자료와 데이터를 충분히 확보하라. 그 문제해결의 이익을 고객이 명료하게 볼 수 있도록 상상력을 자극하는 메시지를 전달하라.

5) 다양한 인맥을 통한 비즈니스의 폭을 확장하라

고객이 가진 니즈와 욕구 그리고 문제들 중에는 당신 회사의 능력과 제품이 가진 기능과 특성, 당신이 가진 경험을 넘어선 것이 있을 수 있다. 만일 이러한 것에 대한 해결책을 고객이 당신에게 요구한다면 그것은 고객에게 매우 중요한 것이다. 당신은 이러한 고객의 요구에 대해서도 빠르게 그리고 원하는 답을 제공할 수 있어야 한다.

당신의 네트워크를 강화하라. 이것은 단순히 인간관계를 확장하는 것이 아니다. 다양한 분야의 전문가들과 상호 이익을 교환하는 개인의 역량 네트워크를 의미한다. 이러한 네트워크를 통해 고객에게 직간접적으로 도움을 주도록 하라. 영업전문가로서 당신의 네트워크가 풍부함은 또 다른 경쟁력이 될 것이다.

사회의 다양한 활동 중 당신의 비즈니스에 도움이 되는 모임에 가입하라. 일단 가입한 후에는 그 모임의 중요한 역할을 하라. 당신이 젊다면 총무나 연락을 주로 하는 역할이 제격일 것이다.

6) 고객이 배울 수 있는 전문가가 돼라

고객은 영업전문가가 능력이 있고 유능하기를 바란다. 이는 단순히 영업을 하는 영업의 능력이 아니라 비즈니스와 산업에 대한 폭넓은 이해와 지식을 갖춘 수준을 의미한다. 자신에게 미래에 대한 통찰력을 지원하고, 시장과 경쟁에 대한 지혜로운 정보를 제공하며, 개인의 경력개발과 강화에 도움이 되는 영업전문가이라면 고객은 기꺼이 시간을 투자할 것이다. 그들은 당신이 왜 그들을 방문하는지 알고 있다. 이제는 고객이 당신을 만나는 데 가치를 느끼도록 자신을 준비하고 무장하라.

7) 고객이 스스로 결정하도록 지원하라

고객이 당신의 제안에 가치를 느끼고 인식하고 확신을 갖도록 하라. 고객의 입장에서 당신의 제안이 유일한 해결책이라는 것을 알도록 하라. 구매를 강요하는 영업전문가는 고객이 가장 싫어하는 유형의 영업스타일이다. 고객은 자신과 자신의 조직에 도움이 된다는 확신이 들어야 고민하고 결정한다. 그리고 그 결정 또한 고객 스스로가 내려야 한다. 왜냐하면 스스로 결정을 한 고객은 협상의 고삐를 느슨하게 하기 때문이다. 영업을 하면서 영업 단계에서 고객을 움직이는 능력을 갖추도록 하라.

8) 인간적인 매력을 갖추고 이해의 폭을 넓혀라

당신에게 독특한 가치관과 삶의 철학 그리고 성격이 있듯이 고객 또한 한 인간으로서 그 나름의 가치관과 철학, 인생의 비전, 성격을 갖고 있다. 당신의 인간적인 매력은 당신이 발산하는 것이 중요한 것이 아니라 상대방이 그 매력을 수용하고 받아들여 줄 때 가치가 있는 것이다.

영업을 하면서 당신이 만나는 고객이 어떠한 사람인지, 어떠한 성격상의 특징이 있는 것인지, 좋아하는 것은, 일 처리 스타일은 등등에 대해 이해의 폭을 넓히도록 하라. 그리고 그들이 기꺼이 당신과 비즈니스 또는 개인적인 고민을 이야기할 수 있는 대상이 되도록 하라. 그들의 말을 경청하고 열린 커뮤니케이션을 주고받도록 하라. 항상 긍정적인 메시지를 전하는 것이 중요하다. 개인적으로든 조직에 대한 것이든, 사회적인 것이든 불평, 불만을 표현하지 마라.

그들이 인간적으로 당신을 좋아한다면 비즈니스 관계로 확장하기는 쉬워진다.

9) 고객의 성장을 도와주어라

당신과의 비즈니스를 통해 고객이 조직 내에서 확고한 위치를 차지하도록 도와주어라. 당신이 성장하는 기준은 영업의 성과이고, 당신이 만나는 고객의 성장은 자신의 업무성과와 경력개발이다. 하지만 고객은 구매와 함께 자신의 성장과 조직의 성장과 발전을 함께 고려한다. 따라서 당신과 비즈니스를 하는 고객이 조직 내에서 성장하고 발전하는 데 힘을 실어 주도록 하라. 그러기 위해서는 당신 위주의 영업을 해서는 안 된다.

10) 최고의 가치를 제공하라

고객은 자신의 판단과 결정에서 오는 가치/이익의 크기와 내용에 따라 의사결정을 한다. 그들에게 도움이 되지 않는, 전혀 가치가 없는 비즈니스는 절대로 일어나지 않는다. 당신이 고객에게 제안하는 메시지의 가치를 고객이 인식하도록 가치—즉 고객이 얻는 이익 중심으로, 고객이 가진 문제를 해결하는 모습과 결과 중

심으로—를 강조하도록 하라. 그들은 자신의 투자보다 더 큰 이익
을 기대하고 의사결정을 한다는 것을 명심하라. 있는 사실(SPEC)
의 나열로 커뮤니케이션을 하지 말고 그러한 사실이 고객에게 주
는 이익 중심으로 커뮤니케이션을 하도록 하라.

다른 영업전문가와는 차별화되는 개인의 가치를 개발하라. 앞
에서 강조한 구매비용을 줄여 주는 다양한 아이디어를 활용해 고
객에게 그 가치를 제공하라.

❺ 고객의 구매관계자 공략을 위한 전략 캔버스

이 장의 마지막으로 고객의 구매프로세스와 구매관계자들을 공
략하는 영업활동 전략 캔버스를 알아보자. 영업전문가는 자신의
활동 하나하나를 준비하고 그 결과를 분석하고 다음의 활동내용
을 계획하여야 한다. 따라서 오늘의 활동내용이 내일의 활동계획
수립의 기초가 된다. 특히 복잡한 구매의사결정 과정을 가진 기업
고객의 경우에는 더욱 전략적인 접근과 활동이 요구된다.

다음 그림이 구매관계자 공략 전략 캔버스이다. 각 항목에 대한
설명은 필요하지 않을 것이다. 앞에서 충분히 설명하였기 때문에….

구매 관계자 공략 전략 캔버스

고객명:	기존 거래 내용:	고객의 구매열정:
영업 기회(구체적)-고객의 상황, 니즈	목표달성 시한: 까지 을 만큼	현재 영업 진척도:

영업 진척 분석	이름 직위	부서	구매상 역할 구매 의사 전문 사용	접촉 빈도 자주 가끔 전해	변화태도 상 중 화	당사 인식 호감 중립 비호	제안에 대한 태도 긍정 중립 부정	니즈-문제, 요구사항		영향력
								업무	개인	

상황분석 (SWOT)-자사,경쟁사   요구되는 행동-영업 활동

장점;	단점;
기회;	위기;

활동내용	언제	어떻게	팀 영업-지원자	결과

〈그림 2-12〉 구매관계자 공략을 위한 영업활동전략 캔버스

영업의 진척도는 현재 영업상담이 어디까지 진행되고 있는지를 정리한다. 영업에서 성과를 달성하기 위해서는 영업의 진척도가 많이 진행되어야 한다. 이 진척도를 판단하는 기준은 영업의 단계가 된다. 영업전문가는 1개 기업을 대상으로 자신이 영업활동 과정에서 만나는 모든 고객(구매관계자)들을 제대로 파악하고 있어야 한다. 만나는 빈도, 구매에서의 역할, 변화성향, 영업전문가의 제안에 대한 태도와 조직에 대한 이미지 그리고 그들이 가진 업무상의 니즈와 개인적인 요구사항을 면밀히 확인하고 대응하여야

한다. 그리고 구매전략을 파악해 자사의 거래 가능성을 올리기 위
해 이번 거래와 관계된 조직의 SWOT를 분석하고 마지막으로 앞
으로 전개할 영업활동 계획을 구상하여야 한다. 이 모든 것들을
위의 시트를 활용해 작전을 짜도록 하라.

영업의 파트너를 올바르게 이해하고 영업활동 전략을 수립하고
활동을 하는 전략적인 영업전문가가 되어야 한다. 고객이 왜 구매
를 하지 않는가 하는 불평을 하지 말고 고객이 어떻게 하면 기꺼
이 구매를 하도록 할 것인가를 고민하도록 하라. 그 답은 고객을
이해하는 수준에 달려 있고 그 이해를 바탕으로 전개하는 영업활
동의 내용과 수준에 달려 있다.

영업 전문가의 영혼을
풍요롭게 하는 메시지 30

Chapter 3. 영업 전문가의 영혼을 풍요롭게 하는 메시지 30

영업전문가는 건강하고 건전한 정신과 긍정적인 마인드 그리고 불타는 열정을 가지고 있어야 한다. 영업전문가가 만나는 고객이 영업전문가를 통해 자신의 비즈니스에 대한 솔루션만 얻는다면 장기적이고 지속적인 관계를 유지하는 데 어려움은 없을 것이나 인간적인 아쉬움이 발생한다. 이를 극복하기 위해서는 인간적인 관계를 맺고 유지하는 능력 또한 매우 중요하다는 것이다. 이는 자신의 삶을 주도적으로 사는 것을 의미한다. 주변의 장애물과 스트레스에 흔들리지 않고 자신을 관리하는 모습을 의미한다. 좋은 사람들과 인간관계를 맺고 사회적인 네트워크를 통해 자신의 수준을 올리는 것을 의미한다. 항상 최선의 것을 선택하고 선택에 대해 책임을 지고 확신을 갖는 셀프 리더를 의미한다. 학습하고 배우고 성장하는 모습을 의미한다. 불평불만을 하지 않고 늘 긍정적이고 힘을 불어넣어 주는 메시지를 주는 커뮤니케이션 기술을 의미한다.

　　지금까지의 영업과는 다른 수준의 높은 영업활동을 위해서라도 새로운 영업전문가로서의 변신이 필요하다. 고객의 인정을 받고 비즈니스 전문가로서 영업활동, 고객의 비즈니스 파트너, 창의적이고 유연하게 고객을 개발하고 유치하며 고객과의 장기적인 관계를 맺는, 고객에게 최고의 부가가치를 제공해 고객의 충성도를 올리는 영업전문가가 되기 위해서는 영업전문가 스스로 새로운 패러다임과 관점, 가치관 그리고 자신과 일에 대한 건전하고 높은 정체감을 갖추어야 한다.

　　영업전문가는 매일 많은 자극들을 외부로부터 받는다. 그 자극은 동기부여를 강화시켜 주기도 하지만 대부분은 영업전문가에게 극복해야 하는 도전(부정적인 메시지, 압력 등)이 된다. 조직 내부 관계자든, 외부 조직, 즉 고객사의 고객이든 늘 영업전문가에게 긍정적이고 힘을 실어 주는 메시지를 주지는 않는다. 때로는 스스로 슬럼프 또는 매너리즘에 빠지기도 한다. 이러한 영업전문가에게 힘을 주는 메시지가 필요하다.

　　다음의 30가지 이야기와 메시지를 통해 늘 최고의 컨디션과 자신감, 고객을 몰입시키는 열정을 가진 영업전문가가 되기 바란다.

❶ 이야기 하나 – 비전을 세워라

옛날 페르시아라는 한 나라가 있었다. 그 나라의 왕에게는 늦게 얻은 아들이 하나 있었다. 그런데 이 왕자는 꼽추로 태어났다. 가족과 신하들은 왕자의 모습을 보면서 매우 안타까운 마음을 가질 수밖에 없었다. 그 왕자가 6살이 되던 어느 날 왕자는 아버지인 왕을 찾아가서 자신이 생활하는 방의 창밖에 자신의 동상을 세워 달라고 부탁하였다. 그렇지 않아도 꼽추인 아들을 안타깝게 여기고 있던 왕은 왕자의 부탁을 들어 줄 수가 없었다. 하지만 아들의 간곡한 부탁에 못 이겨 허락하자 아들은 '제 동상을 세울 때 저의 허리가 곧게 펴진 동상을 만들어 주십시오'라는 요청을 하였다. 그 부탁을 들은 왕은 가슴이 미어지는 심정으로 왕자가 사는 방의 뜰에 허리가 곧게 펴진 아들의 동상을 만들어 주었다. 그러자 그날부터 왕자는 매일 아침에 잠자리에서 일어나서 또 잠자리에 들기 전에 그 동상을 바라브면서 기도를 하는 것이었다. '신이시여! 저 동상처럼 저의 허리를 곧게 펴 주시기 바랍니다.' 이 기도를 들은 가족과 신하들은 처음에는 며칠 가지 못할 것이라고 생각하였으나 왕자는 어떠한 일이 있더라도 하루도 빠뜨리지 않고 간절한 기도를 하는 것이었다. 사람들은 마음속으로 눈물을 흘리면서 '얼마나 자신의 허리가 곧게 펴지기를 바라면 저렇게 기도를 하겠는가?' 하면서 늘 안타까운 마음으로 왕자를 지켜보았다. 그런데 이 왕자가 20세가 되었을 때 그 왕자의 허리는 자신의 동상과 같이 곧게 펴지게 되었다.

1) 메시지 1

사람이 간절히 바라는 소망은 이루어진다. 어떠한 장애가 있더라도 스스로 확신과 믿음을 갖고 자신이 원하는 꿈은 이루어진다는 소망을 가진다면 그 꿈은 이루어진다는 것이다. 우리는 이 소망을 꿈이라고도 하고 비전이라고도 한다. 당신은 어떤 것을 소망하고 있는가? 어떤 꿈을 꾸고 있는가? 이 소망과 꿈을 갖기 전에 그것이 무엇인가를 먼저 생각해 보자. 소망과 꿈을 여기서는 비전이라 부르겠다.

'비전은 과연 무엇인가? 미래에 자신이 바라는 모습! 미래의 청사진! 조직이 미래에 도달하고자 하는 목적지!' 등등의 다양한 정의가 있다. 모두 맞는 말이다. 이 비전이 사람을 움직이는 힘을 준다. 어떠한 장애물도 극복하는 도전과 열정 그리고 인내를 준다. 영업전문가로서 당신 또한 이러한 비전에 의해 지금까지 살아왔고 앞으로도 살아갈 것이다.

여기서 당신 스스로를 움직이게 하는 가장 근본적인 힘인 당신의 비전을 생각해 보자. 당신은 어떤 비전을 갖고 있는가? 당신은 미래에 어떤 삶을 살고 싶은가? 미래 당신의 모습이 어떠하기를 바라는가? 누군가 당신에게 '당신의 비전은 무엇입니까?'라는 질문을 한다면 당신은 조금의 망설임도 없이 답할 수 있는가? 비전은 꿈과 다르다. 올바른 비전을 가져야 한다.

자! 당신의 비전을 만들기 위한 작업을 해 보자.

지금 당신은 경치 좋은 지역어 300평의 땅을 갖고 있고, 그 땅에 집을 지을 수 있는 자금도 갖고 있다고 가정해 보자. 그래서 당신은 그 땅에 살 집을 혹은 전원주택을 짓기로 결심했다. 당신은 제일 먼저 누구를 찾아가겠는가? 아마도 설계사를 찾아갈 것이다. 그 설계사에게 당신은 땅의 위치를 말하고 그곳에 집을 짓고자 하니 설계해 달라고 한다. 그러면 그 설계사는 당신에게 "어떤 집을 짓고 싶은지?" 질문할 것이다. 이때 당신은 어떤 대답을 할 것인가? 만일 당신이 설계사에게 '그냥 그림 같은 집을 짓고 싶다'고 대답하고 '당신이 전문가니까 당신이 알아서 좋은 집을 설계해 달라'고 하였고 그래서 설계가 완성되고 집을 다 지었다면 그 집의 주인은 누구인가? 보이는 집의 소유는 당신이 될지 몰라도 그 집의 형태와 색, 구조는 누구의 것인가? 설계사 것이 아니겠는가? 당신은 온전히 당신의 소유인 집을 지어야 한다. 그렇다면 당신이 원하는 집을 짓기 위해 설계사가 당신에게 '어떤 집을 원합니까?'라는 질문을 하였을 때 당신의 머릿속에는 자신이 원하는 집의 모습이 생생하게 그려지고 그것을 그대로 설계사에게 이야기하였고, 설계도가 완성되고 그 설계드에 맞추어 집이 지어지면 그 집의 소유자는 두말할 것이 없이 당신이다. 여기서 당신의 머릿속에 그리고 있는 집의 모습이 청사진이고 그 청사진을 그림으로 표현하면 조감도가 된다. 이렇게 당신이 가진 집에 대한 청사진과 조감도가 당신 집의 비전이다. 이와 같이 당신의 인생에 대해 갖고 있는 청사진이 당신 인생의 비전이 될 것이다. 그렇다면 왜 청사진이 필요한가를 생각해 보자. 집을 짓는 과정에서 건설회사를 선정하고, 자재 선택을 하며, 또한 집을 짓는 과정의 잘못된 부분을 찾아내고 수정을 하는 기준은 무엇이라 생각하는가? 그 기준을 설계도라 생각할 수 있으나 사실은 그 설계도가 아니라 당신의 마음과 머릿속에 있는 청사진이다. 왜냐하면 설계도는 청사진의 세부적인 진행순서인 계획에 불과하기 때문이다. 청사진과 다른 집을 지어서는 안 되고 또 그러한 집을 지을 수는 없다. 따라서 당신이 가진 청사진이 명료할 때 정확한 설계도가 나오고 그 과정의 오류를 수정할 수 있다.

이와 마찬가지로 당신이 가진 인생의 비전이 명료할 때 당신은 당신의 모든 행동과 말 그리고 삶을 계획하고 관리할 수 있다. "지금 당신은 무엇을 하고 있는가? 그 일을 계속한다면 몇 년 후 당신의 모습은 어떻게 되겠는가? 그 모습은 당신이 바라는 모습인가?" 이 질문에 대한 답이 그렇다면 당신은 스스로의 비전 달성을 위해 올바른 현재의 삶을 살고 있는 것이다. 만일 당신이 이 질문에 대한 답을 할 수 없다면 지금 두 가지를 생각해라. 하나는 지금의 행동이 가져올 결과를 생각하는 것이고, 둘은 당신의 비전을 생각하는 것이다. 우리가 현재 어떤 행동을 하고, 어떤 교육을 받고, 어떤 사람들과 만나고, 어떤 생각을 할 것인가를 선택하고 판단하는 기준은 바로 우리가 가진 비전이다. 그 비전이 명료하고 달성에 대한 간절한 욕구가 생길 때 그에 맞는 준비를 할 수 있는

것이다. 그 비전조차 없다면 오늘을 아니 현재를 그럭저럭 살게
될 것이다.

2) 비전을 만들기 위해

당신이 앞으로 살아가면서 하고 싶은 일을 모두 적어 보라. 인
생 비전의 항목은 집의 구조(방과 개수, 거실, 서재, 주방, 테라스,
화장실, 주차장, 뜰의 모습 등)가 있듯이 다음의 항목이 필수적으
로 갖추어져야 한다. 직업과 재정 분야(일과 돈), 가족과 가정 분
야, 신체건강 분야, 성장과 자기계발 분야, 인간관계와 리더십 분
야, 사회활동 분야, 취미와 레저 분야, 정신과 윤리 분야 등이 있
다. 각 분야에 대한 당신의 미래 청사진을 그려 보도록 하라.

1단계: 이 분야들의 청사진을 완성하기 위해 요구되는 요소, 태
도, 생각, 행동들을 정의하라.

2단계: 그 일들을 다 이루었을 때의 당신 모습을 상상해 보라.

3단계: 각 분야에서 당신이 지키고 싶은 일, 삶의 원칙을 생각
하라(일을 하면서 당신이 가장 중요하게 생각하는 원칙, 삶을 살
면서 당신이 가장 중요하게 생각하는 원칙, 가족에 대한 가장 중
요한 원칙 등).

4단계: 당신 인생의 모델을 선정하라. 그로부터 배울 것은? 당
신이 가진 능력 중 모델보다 나은 점은? 개발할 분야는?

3) 당신의 비전은?

_______년 후 바라는 모습(5년 정도가 적당하다)

1. 직업, 재정 분야

2. 가족, 가정 분야

3. 신체, 건강 분야

4. 성장, 자기계발 분야

5. 사회활동 분야

6. 인간관계, 리더십 분야

7. 정신, 윤리 분야

8. 취미, 레저 분야

❷ 이야기 둘 – 성공을 원하면 준비하라

숲 속에서 세상과 등지고 살아가는 은둔자가 있었다. 그는 세상과 등진 관계로 음식과 땔감을 숲에만 의존하였다. 그를 세상과 연결해 주는 단 하나의 도구는 라디오였다. 세상과 등지고 삶을 여유 있게 살아가던 그는 어느 날 라디오에서 나오는 뉴스를 듣게 되었다. 금년에는 이상기후로 일찍 겨울이 찾아올 것이며, 특히 많은 눈이 예상됨을 알게 된 그 은둔자는 미리 땔감을 준비하려는 마음으로 톱을 들고 산으로 올라갔다. 그러고는 열심히 나무를 베기 시작했다. 시간이 지날수록 그가 베는 나무의 숫자는 점점 줄어들고 한 그루를 베는 데도 더 많은 시간과 힘이 들었다. 그때 그 곁을 지나가던 사람이 그를 보고는 "왜 톱날을 갈지 않느냐"고 물었다. 은둔자는 "나에게는 시간이 없습니다"라고 대답하였다. 지나가던 사람은 톱날을 갈면 더 쉽게 더 많은 나무를 벨 수 있을 것이라고 조언했지만 그는 시간이 없다는 핑계로 계속 자신의 나무 베는 일에만 전념하였다. 당연히 나무를 베는 데 시간은 더 많이 걸리고, 힘은 더 들고 쌓이는 나무의 양이 만족스럽지 않아 은둔자의 조급함을 부채질하였다. 그때 멀리서 먹구름이 몰려오고 엄청난 눈이 내리기 시작했고, 그 은둔자는 자신이 목표로 한 양의 나무를 베지 못하고 오두막으로 향하면서 겨울을 지낼 걱정을 하면서 숲의 나무들을 안타깝게 쳐다보았다.

1) 메시지 2

은둔자가 톱날을 갈아야 하는 이유를 생각해 보라. 은둔자가 베야 하는 나무는 목표가 되고 톱은 목표를 달성하는 도구, 즉 능력이다. 목표한 양의 나무를 베기 위해서는 도구의 성능이 매우 중요하다. 성능이 우수한 톱을 준비하여야 하고 날이 무뎌지면 톱의 날을 가는 노력(우선순위와 투자)을 하여야 한다. 당신이 비전을 수립하고 그 비전의 달성을 위한 세부목표들을 하나씩 이루어 나가기 위해서는 가장 먼저 자신의 능력을 개발해야 한다. 열심히 하는 것과 제대로 하는 것 둘다 필요하다.

비전과 목표를 수립하였다면 무엇이 당신에게 더 필요한 능력인지, 어떤 지식과 기술을 갖추어야 하는지를 알게 될 것이다. 무모한 행동, 비효율적인 행동을 하기 전에 먼저 당신의 능력을 쌓는 데 투자하라.

교육을 받거나, 세미나에 참석하거나, 책을 읽거나, 다른 사람과의 대화를 통해 경험을 공유하거나 함께 일을 하면서 당신의 능력을 지속적으로 계발해야 한다. 이를 우리는 준비라고 한다. 은둔자가 톱날을 가는 것은 자신의 목표달성을 위해 준비하는 것이다. 성공하는 사람들, 성공의 기회를 잡는 사람들은 준비된 사람들이다. 성공-자신이 원하는 목표를 달성해 나가는-기회가 부족해서 사람들이 성공을 하지 못하는 것이 아니다. 성공의 기회를 잡기 위한 준비가 되어 있지 않은 사람들이 많기 때문에 성공하는 사람이 적은 것이다. 심지어 준비가 되어 있지 않은 상태에서 무리한 목표를 추구하는 무모한 사람들이 너무나 많다. 그들은 난관을 극복하는 방법으로 편법을 사용하기도 한다. 포기하는 것은 당연하고⋯. 그러면서 세상이 나를 배신했다고 세상 탓, 조상 탓 등등의 불평불만으로 살아간다.

당신이 오늘 만나는 고객이 당신에게 당신의 영업경력에 매우 중요한 전환점이 될 고객을 소개시켜 주었다. 이 고객과의 비즈니스가 성사되면 당신이 원하는 독표―풍부한 수당과 경제적인 여유, 좋은 차, 영업전문가로서 인정을 받는 것 등―를 달성할 수 있다. 그런데 이 고객이 한국어를 하지 못하는 외국인이다. 당신이 그 외국인과 대화가 된다면 당신이 원하는 결과를 얻을 수 있을 것이다. 하지만 당신이 외국어를 하지 못한다면 어떻게 하겠는가? 주변에 외국어를 잘하는 사람의 도움을 받는다. 좋은 방법이다. 그런 인간관계를 평소에 구축해 놓아야 한다. 외국어를 할 수 있거나 외국어를 잘하는 사람의 도움을 받을 수 있는 것이 준비된 모습이고 그 준비가 외국인 고객과의 비즈니스를 성공적으로 할 수 있는 기회를 제공하는 것이다. 물론 당신이 그 기회를 잡은 것이다.

많은 사람들은 준비를 하지 않거나 부족한 상태에서 자신이 원하는 기회가 오지 않는다고, 자신이 원하는 목표를 달성하지 못하였다고 세상 탓, 다른 사람 탓, 조상 탓을 하면서 불평불만 속에 살아간다. 당신이 누리는 모든 것, 당신이 달성하는 목표는 당신의 준비됨이 결정한다. 기회가 적거나 없는 것이 아니다. 준비가 부족할 뿐이다. 당신도 주변사람들로부터 불평불만이 많은 사람이라는 말을 듣는가? 아니 스스로 이러한 것에 대해 불평불만을 하고 사는가? 그렇다면 지금부터 불평불만을 그만두고 당신이 원하는 목표달성에 합당한 준비하는 데 에너지를 쏟도록 하라. 당신의 생각보다 더 많은 시간이 걸릴 수도 있다. 하지만 인내하고 끝까지 밀고 나가야 한다. 준비됨이 다 완성될 때까지….

2) 행동

- 당신의 목표는(비전의 8개 분야 중 한 분야의 목표)?

____

- 당신이 가진 장점은(목표달성에 도움이 되는)?

____

- 당신이 배워야 할 능력은?

____

- 당신이 버려야 할 습관은?

____

- 새롭게 해야 할 행동은?

____

- 더 잘할 것은?

____

3 이야기 셋 – 목표를 설정하고 계획을 세워라 ^{세일즈 혁명}

세상을 여행하는 나그네가 길을 가던 중 두 갈래의 갈림길을 만났다. 어느 쪽을 선택해서 가야 할지를 갈설이는데 그 갈림길 사이에 노인이 앉아 있는 것을 발견하였다. 그 나그네는 그 노인에게 다가가 물었다. '제가 어느 길로 가야 합니까?'라고. 그러자 그 노인은 나그네를 쳐다보면서 되물었다. '당신은 어디로 가고 싶습니까?' 그러자 그 나그네는 '저도 잘 모르겠습니다'라고 대답하자, 그 노인의 답은 '그러면 어느 길을 선택해도 상관이 없습니다'라고 이야기했다.

1950년 미국의 예일 대학교에서는 졸업생들을 대상으로 어떤 질문을 했다. 그 후 25년이 지난 1975년에 25년 전에 졸업한 사람들을 찾아내어서 그들의 삶의 수준을 조사했다. 그 결과 27/60/10/3이라는 숫자가 나왔다. 어떤 의미일까?

앞의 숫자 중 졸업생의 27%는 다른 사람의 도움을 받지 않으면 생활을 할 수 없을 정도로 가난하였고, 60%는 그럭저럭 먹고사는 수준이었으며, 10%는 보통사람들보다 많은 여유 있는 삶을 사는 수준, 그리고 3%는 우리가 말하는 성공한 사람(돈, 사회적인 지위, 권력을 가진 등)들을 나타난다. 그러면 이러한 차이는 어디에서 나온 것인가?

1950년에 던진 질문은 '당신은 인생의 목표가 있습니까?'라는 것과 '그 목표를 얼마나 구체적으로 글로 쓴 것인가?'였다. 이 질문에 대한 답으로 27%의 학생들은 목표가 없었다. 60%의 학생들은 막연한 목표를 갖고 있었고, 10%의 학생들은 구체적인 목표를 갖고 있지만 머릿속에 있었고, 나머지 3%의 학생들은 글로 쓴 구체적인 목표를 갖고 있었다.

1) 메시지 3

지금 당신 앞에 큰 코끼리 한 마리가 주어졌다. 당신은 그 코끼리를 혼자서 다 먹어 치워야 한다. 어떻게 하면 그 큰 코끼리를 모두 먹을 수 있을 것인가? 우리가 일반적으로 접하는 난센스 퀴즈가 아니다. 또 당신이 지금부터 100km의 행군을 한다면 어떻게 그 행군을 시작해서 무사히 목적지에 도착할 생각인가?

당신이 코끼리를 다 먹는 일과 100km의 행군을 완주하는 것은 쉬운 일은 아닐 것이다. 그리고 그 결과는 한 번의 시도 또는 한순간에 이루어지지 않는다. 즉, 코끼리를 4일 후 한꺼번에 다 먹기 위해 3일을 굶을 수는 없는 것이고, 100km 행군을 위해 3일 동안 체력을 비축한 후 4일째 되는 하루에 그 행군을 완주할 수도 없다. 아마도 코끼리 한 마리를 다 먹기 위해서는 매일 조금씩 먹어야 할 것이다. 그러면 개인의 소화력과 체질에 따라서 소요되는 시간은 달라지겠지만 코끼리 한 마리를 다 먹을 수 있을 것이다. 또한 100km의 행군을 완주하려면 지금부터 한 걸음 떼는 일부터 시작하여야 할 것이다. 한 걸은 한 걸음이 100km의 거리를 다 채울 것이다.

따라서 코끼리 한 마리를 먹는 것과 100km 행군을 하는 것이 인생의 비전이라면 매일매일 조금씩 먹어야 하고 앞으로 나아가야 한다는 것은 비전 달성의 핵심 행동이다. 당신이 5년 후의 바라는 모습을 비전으로 수립하였다면 3년 후, 1년 후, 6개월 후, 그리고 한 달 후, 마지막으로 이번 주, 그리고 오늘 달성해야 할 작은 목표들이 있다. 이 목표달성들이 하나씩 쌓여서 비전을 이룬다. 이

것을 우리는 계획이라고 부른다.

당신의 비전을 이루는 작은 목표들을 찾아 계획을 수립하고 실천을 통해 작은 성공을 경험하고 그 작은 성공의 벽돌을 쌓는 일을 시작하도록 하라. 언제부터? 지금 당장! 언제까지? 될 때까지!

비전 달성의 조건인 목표수립은 체계적이고 과학적으로 수립하고 계획하여야 한다. 목표수립의 방법에 대해 알아보도록 한다.

2) 목표의 5조건: SMART

목표수립의 방법에는 다음의 5가지 방법이 있다.

S(Specific): 목표는 구체적이어야 한다. 이 말은 우리가 세운 목표는 막연해서는 안 된다는 것이다. 자, 당신이 요즘 과체중으로 어려움을 겪는다고 하자. 그래서 당신은 체중 감소를 원한다. 무엇을 먼저 할 것인가? 대부분 운동과 식사조절을 떠올릴 것이다. 일반적으로 사람들이 이러한 상황에서 목표를 세울 때 그냥 '체중을 줄이고 싶다', '운동을 해야겠다' 또는 '식사를 조절해야겠다'라는 생각을 하고 마음을 다진다. 여기서 우선적으로 결정할 것은 구체적인 목표인 체중을 어느 정도 줄이겠다(3월 내 10kg을 줄인다)는 목표를 수립하는 것이다. 그냥 체중을 줄이는 목표와 3월 내 10kg을 줄이겠다는 목표는 다르다. 운동과 식사조절은 방법이고 체중을 줄이겠다는 목표의 작은 목표이다. 식사조절을 어떻게 할 것이고, 운동한다면 운동 또한 어떤 운동을 어떻게 할 것인지를 구체적으로 정해야 한다.

M(Meaning): 당신이 세운 목표는 당신의 인생과 비전에 가치가 있어야 하고 주변 사람들에게도 의미가 있어야 한다. 당신이 세운 체중감소의 목표가 아무런 가치가 없고 당신의 삶에 별 영향을 미치지 않는다면 그 목표의 달성에 요구되는 행동을 이끌어 내는 데 한계가 있으며, 설령 행동하더라도 지속하는 데 어려움을 겪을 것이다. 따라서 당신이 달성하고자 하는 목표의 의미와 가치를 제대로 인식하여야 한다. 그리고 그 목표에 가치를 부여하여야 한다. 이를 위해 진정으로 당신이 그 목표의 달성을 원하는지, 원한다면 '왜? 무엇을 위한 것인지?'를 생각해 보라.

A(Attainable): 당신의 목표는 현재 당신의 수준과 능력에서 달성 가능한 것이어야 한다. 너무 터무니없는 목표는 오히려 의욕을 떨어뜨리고 부작용을 일으킨다. 수년간 조깅을 한 번도 해 보지 않은 사람이 오늘부터 2~3시간의 조깅을 할 수는 없다. 설령 오늘은 운동을 했다고 하더라도 다음 날 그 운동이 지속될는지 의문이 생긴다. 당신의 능력과 수준에서 20% 정도 상향된 목표를 세우라고 하는 이유도 여기에 있다. 20% 정도면 도전의욕이 생긴다. 그리고 달성 가능한 수준을 조금씩 증가시켜 가는 것이 중요하다. 조깅을 하고자 하는 목표를 수립하였는데 조깅할 수 있는 장소가 없다면 이 또한 비현실적인 목표가 된다. 당신이 원하는 목표의 달성은 의욕만 가지고는 되지 않는다. 의욕만큼 중요한 것이 행동이고 수행능력이다. 그리고 그 행동의 지속—될 때까지—이다. 지속적인 도전과 행동만이 성과를 가져오기 때문이다. 현실적이고

달성 가능성을 염두에 두도록 하라.

R(Review): 검토, 확인 가능한 목표가 되어야 한다. 지속된 노력과 성장이 목표의 달성의 지름길이다. 그리고 그 과정에서 동기부여를 위해 자신이 얼마나 나아지고 있고, 또 앞으로 어떻게 지속해야 하는지를 점검하고 검토할 수 있는 것이어야 한다. 이를 위해 목표는 그 성장의 단계, 수준을 측정 가능하여야 한다. 지금 내가 하는 행동의 결과를 평가할 수 있어야 한다. 예를 들어 매일 30분씩 조깅을 하고 그 시간을 체크한다. 그리고 그 조깅의 양을 지속적으로 체크하고, 체중의 수준을 체크하는 것을 정기적으로 한다면 목표달성에 가까워질 것이다.

T(Time Table): 목표달성을 위한 시간계획을 세우고 시작과 마감시간을 정하는 것이 필요하다. 즉, 목표의 달성을 위한 구체적인 실천내용을 시간에 맞추어 계획을 세우는 것이다. 또한 자신이 원하는 궁극적인 목표를 언제까지 달성할 것이며, 그 목표의 달성을 위해 매일, 매주 어떤 시간에 얼마 동안 행동을 할 것인지를 세밀하게 계획하라. 당신의 목표는 그냥 하늘에서 떨어지거나, 자고 나면 이르어지는 것이 아니다. 목표가 크고 어려울수록 그 계획은 좀 더 치밀해야 하고, 때로는 쉽게 행동으로 옮길 수 있어야 한다. 그리고 그 행동은 정해진 시간에 반복적으로 이루어질 때 목표달성에 가까이 갈 수 있는 것이다.

3) 행동

– 당신의 비전은(비전의 8개 요소 중 하나)?

____

– 1년의 목표?

____

– 6개월의 목표?

____

– 1달의 목표?

____

– 1주의 목표?

____

– 오늘의 목표?

____

그리고 당신이 원하는 비전과 목표의 달성을 위해 가장 바람직한 하루의 일과를 만들어 보라. 그리고 이 일과에 맞는 하루를 보

4) 기대하는 하루 생활 모습

<table>
<tr><td>

- 하루를 마감할 때 기대하는 소감

- 비전과 관련된 할 일

- 일상적인 할 일

- 오늘의 다짐: 자신을 동기부여 하는 메시지

</td><td>

시간	할　일	결　과
06:00		
07:00		
08:00		
09:00		
10:00		
11:00		
12:00		
13:00		
14:00		
15:00		
16:00		
17:00		
18:00		
19:00		
20:00		
21:00		
22:00		

</td></tr>
</table>

제 1 장　영업의 이해

한 선교사가 히말라야의 오지에 선교하러 갔다. 10여 년간 열심히 선교활동을 했지만 성과는 너무나 미미했다. '왜 사람들이 신을 믿지 않고 교회에 나오지 않는 것일까?' 고민하던 선교사는 답을 찾았다. 원주민들이 너무나 가난하고 병들어 있기 때문에 신을 찾고 종교를 가지는 데 흥미가 없다는 사실을 알게 되었다. 다음 날 선교사는 마을 추장을 찾아가 "내가 10년 가까이 당신 부족과 지내면서 선교를 하였으나 성과가 없다. 그 원인을 알아본 결과 당신 부족은 너무나 굶주려 있고 병들어 있음을 알게 되었다. 따라서 내일 마을의 젊은이들을 우리 집 앞에 모아 주면 그들과 힘을 합쳐 학교를 짓겠다. 그 후에는 내가 농사를 짓는 방법과 질병을 예방하고 병을 치료하는 방법을 가르쳐 주겠다. 그러면 당신 부족은 앞으로 굶주리지도 않고 병들지도 않을 것이다"라고 제안하였다. 이 말을 들은 추장은 자신이 진정으로 부족을 위해 하고 싶은 일이었으므로 다음 날 젊은이들을 모아 주기로 약속했다.

다음 날 아침 눈을 뜬 선교사는 마당에 모인 사람들을 보고 놀랐다. 기대보다 많은 사람들이 모여 있는 것이었다. 그는 그들에게 흙을 이겨서 벽돌을 만들라고 했다. 그런데 그들의 성과는 너무나 미미했다. 선교사가 생각하기로는 그들은 하루에 200장 정도의 벽돌을 만들 수 있을 것이라고 믿었는데 나온 성과는 50장이 채 되지 않는 것이었다. 며칠을 관찰한 선교사는 그들 중 몇 사람에게 물었다. "당신들이 지금 왜 여기서 이 일을 하는지를 알고 있느냐?"고 그러자 그들이 대답하기를 "우리는 추장이 여기에 와서 당신이 시키는 일을 하라는 지시를 받고 왔고 당신이 시키는 일을 하고 있다"라고 대답하였다. 이 답을 들은 선교사는 그들이 왜 성과가 미미한지를 알고서 그들을 모아 다음과 같은 이야기를 했다. "당신들은 지금 학교를 짓기 위한 벽돌을 만들고 있다. 당신들이 벽돌을 만들어서 학교를 지으면 내가 당신들의 자녀들에게 농사를 짓는 방법과 질병을 예방하고 치료하는 방법을 가 르칠 것이다. 그러면 당신과 당신의 가족들은 굶주리지 않을 것이며, 선조들처럼 병들어 고생을 하지 않을 것이다. 따라서 당신들은 자신들 과 가족 그리고 후손을 위해 굉장히 중요한 일을 하는 것이다"라고 말하자 그날부터 그들은 벽돌을 200장 넘게 만드는 것이었다.

1) 메시지 4

똑같은 일을 하면서 즐겁게 일을 하고 다른 사람들보다 성과를 더 많이 올리는 사람들은 자신들이 하는 일의 가치를 알고 그 가 치에 매력을 느끼고 헌신적으로 일을 한다. 즉, 내가 하는 일이 왜 필요하고 그 일을 통해서 자신들뿐 아니라 주변의 사람들이 무엇 을 얻을 수 있는지를 명확하게 알고 있다. 이유는 자신이 하는 일 의 가치를 알 때, 그리고 그 가치 중심으로 일을 할 때 자신이 생 각하는 것보다 더 나은 성과를 올리는 열정이 나오기 때문이다. 모든 일은 그 나름대로 가치가 있다. 중요한 것은 그 일을 하는 사 람들이 그 가치를 제대로 알고 있느냐이다. 만일 당신이 식당을 운영한다면 그 일의 가치는 무엇이라고 생각하는가? 음식을 만들 어서 적정 가격을 받고 파는 일? 그래서 돈을 버는 일? 맞다. 하지 만 관점을 바꾸어 사람들은 내가 만든 음식을 먹고 얼마나 행복해 할까? 누군가는 건강을 찾을 것이고, 누군가는 가족을 위해 일할 수 있는 에너지를 충전한다고 생각하면서 만드는 음식과 서비스는 분명히 차이가 있을 것이다. 사람들은 특히 고객들은 이 차이를 민감하게 파악한다. 이 차이가 경쟁력을 가져와 더 많은 손님을 확보할 것이다. 그러면 당신이 원하는 경제적인 목표인 돈을 버는 것도 쉬워지고 달성될 것이다.

앞 장에서 영업이 어떤 역할을 하고 고객에게 어떠한 가치를 제공해 주는 것인가에 대해 강조하였다. 영업에 대한 패러다임과 영업활동의 방향과 목표에 대한 혁신을 강조하였다. 다시 한 번 강조하자면 영업은 영업전문가가 말을 잘해서 상품과 서비스를 판매하는 것이 아니다. 고객이 필요해서 구매하는 것이다. 따라서 상품과 서비스를 판매하러 고객을 방문하는 영업전문가와 고객의 문제를 해결(상품과 서비스의 가치로)해 주기 위해 방문하는 영업전문가는 고객에게 주는 느낌과 메시지가 다르다는 것을 인식하고 영업활동에 임하도록 하라. 늘 고객이 얻는 가치를 중심으로 고객과의 커뮤니케이션을 하도록 하라.

2) 행동

- 당신은 어떤 일을 하고 있는가(당신의 일을 통해 고객이 얻는 가치)?

____

– 당신의 고객은 왜 당신과 일을 하는가?

――――――――――――――――――――――

– 고객이 구매를 하는 이유와 구매를 통해 얻는 이익은?

――――――――――――――――――――――

– 당신이 하는 일이 없어진다면 고객과 당신에게 어떠한 일이 벌어지겠는가?

――――――――――――――――――――――

– 조직 내부에서 당신이 하는 일이 필요한 이유는?

――――――――――――――――――――――

– 당신이 일을 제대로 하지 못한다면?

――――――――――――――――――――――

– 당신이 당신의 일을 제대로 한다면 당신이 얻을 이익과 고객이 얻을 이익은 무엇인가?

당신이 얻는 이익:

――――――――――――――――――――――

고객이 얻는 이익:

____

- 만일 당신이 하는 일에 대해 당신이 고객이라면 무엇을 원할 것인가?

____

- 그 가치를 제대로 전하기 위해서 당신은 어떻게 일을 하고 고객들과 이야기를 나누겠는가?

____

❺ 이야기 다섯 – 열정을 갖고 몰입하라

‘고양이 두 마리가 치즈 통 주변을 맴돌다가 치즈를 먹고 싶은 유혹에 치즈 통 안으로 뛰어들었다. 한참을 맛있게 먹고 난 후 통을 빠져나오려고 점프하였다. 그런데 바닥도 물렁물렁하고 너무 많은 치즈를 먹은 탓에 제대로 점프할 수 없었다. 그때 다른 고양이들이 이들을 보고 놀리기 – 너무 어리석고 바보 같은 행동을 하였다고 – 시작했다. 그러면서 절대로 통을 빠져나올 수 없을 것이라고 겁을 주는 것이었다. 그러자 한 마리는 곧 풀이 죽어서 점프하는 것을 포기하고 그대로 치즈 속으로 빠져들어 갔다. 그러나 다른 한 마리는 위를 바라보면서 포기하지 않고 계속 점프하는 것이었다. 어느 정도의 시간이 흐르자 치즈가 서서히 굳어지기 시작하였고, 마침내 그 치즈는 단단한 버터가 되었다. 그리고 고양이의 몸도 계속된 점프로 가벼워졌다. 드디어 그 고양이는 바닥을 힘차게 차고 올라 통을 빠져나올 수 있었다. 그때 위에서 놀리던 고양이들이 “야! 너는 그렇게 우리가 놀리고 야유를 하는데 어떻게 포기하지 않고 계속 도전을 할 수 있었니?”라고 하자 그 고양이는 “사실 나는 귀가 잘 들리지 않아. 그런데 위에서 너희가 보였고 너희가 고함을 치는 것을 보고 내게 힘을 내라는 격려로 생각했지. 그래서 포기하지 않았던 것이야!”라고 말하였다.

1) 메시지 5

일을 올바르게 하고 도전을 극복하며, 다른 사람들보다 탁월한 성과를 올리는 힘은 무엇이라고 생각하는가? 어려움과 장애물에 부딪혔을 때 그 난관을 이기고 계속 전진하게 하는 힘은 무엇이라고 생각하는가? 포기하고 싶고 지금 자리에 주저앉아 더 이상 앞으로 나가는 것이 힘들 때 한 걸음을 걷게 하는 힘은 바로 '열정'이다. 이 열정은 절대로 눈에 보이는 것이 아니다. 하지만 성공의 핵심적인 열쇠이다.

당신은 열정이 어디에 있다고 생각하는가? 열정은 마음속에 있고 의지 속에 있으며, 어려움을 이기고 계속 전진하고 도전할 때 열정을 볼 수 있다. 즉, 열정은 행동할 때만 우리에 눈에 보인다는 것이다. 그리고 우리들 내면에서 자신이 생각하는 것보다 훨씬 많은 열정들이 숨어 있다.

에디슨은 "우리가 후손들에게 부나 명예 또는 권력은 물려주지 못하더라도 열정을 물려줄 수 있으면 후손의 삶에 대해서 걱정할 필요가 없다"라고 했다. 열정은 새로운 도전을 하게 하고, 어려움을 이기도록 하며 장애물에 부딪혔을 때 앞으로 나아가게 하는 내면의 힘이다. 그리고 비전과 목표를 달성하도록 한다.

열정은 다음의 10가지 요소들에 의해 나온다.

① 비전과 목표에서

② 신뢰: 성공에 대한 확신과 자기 능력에 대한 믿음에서

③ 가치: 일의 가치, 인생의 가치에서

④ 도전: 두려움을 제거하고 포기하지 않고 도전하는 데서

⑤ 균형: 긍정적이고 적극적인 태도와 일과 삶이 균형을 이룰 때

⑥ 몰입: 지금 하는 일에, 원하는 목표달성에 집중할 때

⑦ 자기 암시: 자기 이미지와 내면의 소리가 긍정적일 때

⑧ 열망: 원하는 것을 갈망하고 간절히 원할 때

⑨ 선택: 선택의 힘을 믿고, 선택의 결과에 책임을 질 때

⑩ 자기 동기 부여: 확언, 확신의 표현('나는 할 수 있다' 등)으로 스스로를 격려하고 박차를 가할 때

2) 행동

– 당신의 비전과 목표 그리그 일의 가치를 항상 생각하라.

____

– 이제까지의 삶에서 당신이 가장 열정적으로 생활한 경험을 떠올려 보라!

\# 언제? _______________________________________

\# 무슨 일? _____________________________________

\# 당신의 모습은? _______________________________

\# 결과는? ______________________________________

– 당신의 열정은 어디에서 나오는가?

____

– 오늘 당신의 열정을 끌어나기 위해서 무엇을 할 것인가(10가지 요소 중 하나씩 실천하고 찾아라)?

____

6 이야기 여섯 – 자신의 내면에 숨겨진 능력을 깨워라

독수리 알이 둥지에서 떨어져 들판으로 굴러왔다. 길을 지나던 농부가 땅에 떨어진 알을 발견하고 그것이 독수리 알인지를 모르고 집으로 갖고 와서 닭장 속의 둥지에 넣었다. 며칠이 지난 후 이 사실을 깜박 잊은 농부는 마침 병아리의 부화를 위해 계란을 품는 둥지 속에 다른 계란들과 함께 넣었고 암탉이 그 독수리 알을 함께 품었다. 시간이 지난 후 달걀이 부화할 때 그 독수리 알도 부화되어 새끼가 나왔다. 그런데 그 모양이 다른 병아리들과는 너무나 다른 것이 아닌가? 농부는 이상하게 생각하였지만 그냥 닭장에서 다른 병아리들과 같이 키웠다. 시간이 지날수록 이 독수리 새끼는 다른 병아리들과 똑같은 행동을 하고 날지도 못하며, 하늘에 떠 있는 '매'를 무서워하고 천둥이 치면 벌벌 떨면서 처마 밑으로 숨었다.

어느 날 그 마을을 지나던 조류학자가 이 농부 집에 들렀다가 다른 닭들과 함께 있는 독수리를 보고 농부에게 말했다. "내가 볼 때는 이것은 분명히 독수리다. 왜 다른 닭들과 함께 있고 닭과 같이 행동을 하는가?" 그러자 농부는 "무슨 소리냐. 그놈은 모양은 이상하지만 분명히 닭이다. 다른 병아리들과 함께 태어났다"라고 대답하였다. 그러자 그 동물학자는 "내가 확신하는데 이놈은 분명히 독수리다." 농부는 "아니다"라고 논쟁하다 결국 조류학자가 "내기를 하자. 내가 이놈을 높은 곳에서 떨어뜨리면 이놈은 반드시 날개를 펼쳐서 날 것이다"라고 하고서는 높은 절벽 위로 가서 그 독수리를 떨어뜨렸다. 어떻게 되었을까? 한참을 떨어지던 독수리는 바람과 공기의 저항을 받고 본능적으로 날개를 펼쳐서 유유히 하늘을 날았다.

1) 메시지 6

왜 이야기의 독수리는 닭으로서의 행동을 하고 닭으로서의 삶을 살고 있었을까? 상황과 여건에 맹목적으로 적응하였기 때문이다. 현실에 안주하였기 때문이다. 자신을 되돌아보지 못하였기 때문이다. 자신의 능력을 발휘할 수 있는 기회를 잡지 못했기 때문이다. 따라서 자신의 능력과 내면의 파워를 몰랐기 때문이다. 그리고 조류였기 때문이다.

우리는 자신이 생각하는 것보다 훨씬 뛰어난 능력을 내부에 가지고 있다. 우리는 자신이 소원하는 것을 다 이룰 수 있는 능력이 있다. 이 말을 인정하는가? 중요한 것은 스스로 그 능력을 믿고 목표달성을 위해 활용하려는 노력을 하는 것이다. 현실에 안주하지 않고 도전할 때 그 능력을 발휘된다. 이야기의 독수리는 태어나서 제일 먼저 본 것과 경험한 것이 닭의 행동과 생활이었고 그 테두리에서 벗어나지 못했으며, 동기부여를 받지 못했고, 결정적으로 스스로를 닭이라고 생각했기 때문에 독수리라는 뛰어난 능력을 갖고 있으면서도 닭으로의 자신을 바라보고 행동한 것이다. 농부 또한 독수리를 독수리로 보지 않고 이상한 닭으로 보았고 또 그렇게 대우하였기 때문이다.

아무리 뛰어난 능력을 갖고 있더라고 환경이 그 능력을 인정해 주지 않거나 스스로 자신의 능력을 인정하지 않고 목표를 향해 활용하지 못한다면 그것은 능력이 아니다. 당신 자신에게 숨겨져 있는 능력을 인정하지 못하거나 발휘하지 못하는 것은 우리가 그런 환경 속에서 살아왔기 때문이다. 스스로 자신의 능력을 한정 지은 결과이다. 그리고 이제까지의 삶에서 누군가 당신이 가진 뛰어난 능력을 인정해 주고 그 능력의 발휘를 위해 기회를 준 사람을 만나지 못했으며 그러한 사람들의 영감이 담긴 이야기를 듣지 못했기 때문에 때로는 스스로 자신을 일정한 테두리 안에 가두고 새로운 도전을 하지 않는 사람이 된 것이다. 그러고는 자기 합리화라는 핑계(나는 못났다, 나는 가난해서, 배우지 못해서, 체력이 약해서, 얼굴이 못나서, 키가 작거나 너무 커서, 남자라서, 여자라서 ○○을 못해 등)를 대면서 세상의 모든 것에 책임을 돌리는 삶을 살아왔고 지금 살고 있는 것이다.

당신의 내면에 당신이 생각하는 것보다 훨씬 뛰어난 능력을 가진 또 다른 당신이 있음을 인정하라. 그를 당신 내부에서 잠들게 하지 말고 깨워서 활동하게 하라. 스스로 또 다른 뛰어난 나의 존재를 인정할 때 행동하고 도전하고 인내하는 성공인의 모습을 가질 수 있다.

당신은 닭장 안의 닭인가? 아니면 하늘을 유유히 날 수 있는 독수리인가? 스스로 능력을 한정 짓지 말고, 스스로 처한 상황에 굴복하지 않을 때 독수리로서의 능력을 확인하고 자기의 삶을 살 수 있을 것이다.

2) 행동

- 당신이 가진 장점을 적어라(3개 이상). 없다고? 아니다. 그 생각부터 버려라.

———————————————————————————

- 다른 사람들이 당신을 좋아하는 이유(특히 함께 일하는 사람들이)?

———————————————————————————

- 당신이 가진 독특한 경험은(다른 사람들이 하지 못한)?

———————————————————————————

- 당신만이 잘할 수 있는 것은?

———————————————————————————

- 당신이 성취한 것은(사소한 것이라도)? – 자격증, 상 등

———————————————————————————

- 당신이 다른 사람들에게 가르쳐 줄 수 있는 것은?

———————————————————————————

❼ 이야기 일곱 – 선택의 힘을 믿고 활용하라

"눈이 내리는 어느 겨울 날 비버와 수달은 숲 속의 길을 따라 연못으로 향하고 있었다. 그런데 비버는 발자국을 옮길 때마다 '왜 이렇게 눈이 많이 내리는 거야! 여기는 왜 이렇게 눈이 많이 쌓여서 걸음을 어렵게 해! 여기는 왜 이렇게 미끄러워! 젠장!'이라는 말을 하면서 불평을 늘어놓았다. 그러나 수달은 '왜! 눈이 내리니까 경치가 너무 좋다! 여기 눈이 쌓였네! 눈사람을 만들어 볼까! 눈을 다져서 미끄럼을 타 볼까!'라 하고 눈을 뭉쳐서 나무에 던지면서 길을 가는 것을 마음껏 즐겼다. 이를 본 비버는 수달에게 '왜 너는 이렇게 험한 날에 휘파람을 불고 있니?'라고 화난 목소리로 말했다. 그러자 '왜냐고? 오늘은 어제 – 물론 어제도 좋은 날이었지만 – 이후로 최고의 날이기 때문이지'라고 수달이 대답했다. 그런데 비버도 수달도 연못에 도착하였다."

– 존 맥스웰, 『당신 안의 잠재된 리더십을 깨워라』 중에서

1) 메시지 7

우리에게 주어진 시간은 똑같다. 어느 누구도 다른 사람들보다 더 많은 시간을 가질 수는 없다. 그리고 우리에게 주어진 하루도, 한 주도, 한 달도, 일 년도 똑같다. 그리고 똑같이 시작해서 똑같이 끝난다. 그런데 누구는 그날들을 보람과 행복으로 채우고, 누구는 고통과 불행으로 채운다. 왜 차이가 나는 것일까? 그리고 오늘 하루의 불행과 보람은 누가 결정하는 것인가? 나 아닌 다른 누

군가가 결정한다고 생각하는가? 당신의 오늘 하루는 지금 어떠한
가? 어떤 기분으로 하루를 시작하였는가? 어떤 기분으로 오늘 하
루가 끝날 것 같은가? 지금 어떤 기분을 가지고 있는가? 그 기분
은 누가 만든 것이라고 생각하는가? 이 모든 것은 자신의 선택이
고 결정의 결과이다.

이와 마찬가지로 우리는 살면서 외부로부터 많은 자극을 받는
다. 자신이 원하든 원하지 않든, 그리고 자신에게 좋은 자극이든
부정적인 자극이든…. 중요한 것은 지나간 시간의 내용을 채우는
것과 외부 자극을 어떠한 것(긍정적인 자극 혹은 부정적인 자극)
으로 받아들일 것인가의 선택권은 우리 각자에게 있다는 것이다.
그리고 그 결과에 대한 책임 또한 우리 자신에게 있다는 것이다.

우리는 살면서 많은 것을 선택한다. 하루를 시작할 때 '오늘은
무슨 옷을 입을까?'라는 사소한 것에서 '무슨 직업을 선택하고 누
구를 파트너로 결정할 것인가?'와 같은 매우 중요한 것까지 모든
것은 선택이고 이 선택의 결과는 엄청난 차이가 있다. 그리고 이
모든 선택은 자신이 하는 것이다. 어떠한 선택을 타인에 의해 하
는 경우는 드물다. 이 선택의 책임(그 결과로서 얻어지는 모습에 대
한 책임) 또한 자신에게 있다는 것이다. 즉, 오늘 하루 어떠한 일이
생기더라도 즐겁고 열정적으로 살 것인가? 아니면 사소한 일에 화
를 내고 불행하다고 생각을 하면서 살 것인가는 모두 우리의 내부
에서 선택하는 것이다. 주변에서 일어나는 일은 우리에게 자극을
주고, 어떠한 반응을 하라는 신호이고, 그 반응을 우리가 선택하며

그 결과가 우리의 삶과 매일의 심리적인 상황에 영향을 미친다.

또한 인생은 여행이라고도 한다. 여행의 즐거움은 목적지의 풍경을 보는 것이기도 하지만 여행의 과정 또한 마음껏 즐길 수 있어야 참된 여행의 매력을 경험한다. 목적지에만 빨리 도착하려고 중간의 아름다운 풍경을 보지 못해서는 그 여정이 힘들 것이다.

인간이 가진 우수함은 인간은 선택할 수 있다는 것이다. 지금 우리가 누리는 많은 문명의 혜택 또한 누군가의 선택에 의한 결과이다. 지금 우리가 서 있는 자리와 위치는 과거의 어느 날 우리가 선택한 결과이다. 지금의 나를 부정하고 지금의 상황에 불평을 갖는다는 것은 과거 자신의 선택에 부정적인 평가를 내리는 것이다. 이것이 많을수록, 잦을수록 자신의 결정과 선택에 부정적인 평가를 내리는 것이고 이것은 곧 자신의 존재감을 떨어뜨린다.

어떠한 상황에서든 긍정적이고 자신에게 도움이 되고 힘이 되는 선택을 하라. 호수로 가는 길에 내려서 쌓인 눈을 즐기는 것은 과정이다. 목적지는 호수에 도착하는 것이니까. 목적지에 도착하면 모두 성취감과 행복감을 느낀다. 하지만 과정을 즐기면 전체가 더 즐겁고 행복한 것이다. 주변의 사람들과 일, 상황이 주는 자극에 휩쓸려서 자신을 힘들게 하는 부정적인 선택을 하지 않도록 하라. 중요한 것은 외부의 자극이 아니라 그 자극에 대한 우리 내부의 선택이다.

외부의 자극은 항상 두 가지 모습이 있다. 하나는 우리에게 유리한 긍정적인 면이고 하나는 우리에게 불리한 부정적인 면이다. 어느 것을 바라보고 선택을 하는가가 중요하다. 부정적인 면을 선

택한다면 그것이 주는 도전에 굴복하지 말고 효과적인 대응책을
찾아야 한다. 이것 또한 선택이다. 긍정적인 면을 선택한다면 이
에 자신을 맞추는 준비를 하여야 한다. 긍정적인 면이 우리에게
우리가 원하는 결과를 주지 않는다. 우리의 준비됨이 그 결과를
결정할 것이기 때문이다.

자신의 능력에 대해 자신감을 갖고 결과에 대한 긍정적인 기대
로, 그리고 자신을 위해 항상 최고와 최선 그리고 긍정적인 것을
선택하라. 그것이 기분이든, 어떤 물건이든, 사람이든…. 또한 선
택 후의 결과에 대해 책임을 져라. 책임지지 않는 선택은 결국 자
신을 비난하고 타인을 비난하고 사회를 비난하고 인생을 비난하
게 된다. 그러면 당신이 원하는 성공, 행복은 멀어지게 된다.

2) 우리가 선택할 수 있는 것들

- 나의 자유시간에 내가 하는 일을 통제, 선택할 수 있다.
- 내가 현재 하고 있는 일에 나의 열정과 에너지, 시간을 얼마
  나 쏟을 것인가를 통제, 선택할 수 있다.
- 나의 생각, 상상 그리고 미래의 나의 모습을 통제, 선택할 수
  있다.
- 세상과 사람들에 대한 나의 태도를 통제, 선택할 수 있다.
- 나는 사람들이 가진 나에 대한 태도에 어떻게 대응할 것인
  가를 선택할 수 있다.

- 타인들이 나에게 주는 말에 어떻게 반응할 것인가를 선택할
  수 있다.
- 사람들과 주고받는 대화의 내용을 통제, 선택할 수 있다.
- 나는 누구를 만나고 누구를 나의 모델로 정할지를 통제, 선
  택할 수 있다.
- 내가 다른 사람들에게 하는 약속의 내용을 통제, 선택할 수
  있다.
- 나는 나의 약속을 지킬지를 선택할 수 있다.
- 나는 사회의 어떤 모임에서 활동할 것인가를 통제, 선택할
  수 있다.
- 나는 내면의 성숙을 위해 읽을 책이나 지식을 통제, 선택할
  수 있다.
- 나는 힘든 상황과 어려움에 대한 자신의 반응을 통제, 선택
  할 수 있다.

3) 행동

- 지금까지의 선택 중 당신이 가장 잘 한 선택은? 그 결과는?

____

- 어제 당신의 기분은?

____

\# 왜?

— 그 기분은 누가 선택하였는가?

\# 어떤 다른 것을 선택할 수 있었는가?

\# 내일로 돌아간다면 동일한 선택을 할 것인가?

— 오늘 당신을 행복하게 하는 것은 누구일까?

— 오늘 나에게 선택을 하도록 자극을 줄 요소들은?

— 나는 무엇을 선택할 것인가?

⑧ 이야기 여덟 – 격려, 칭찬의 힘을 믿고 생활화하라

1) 메시지 8

『칭찬은 고래를 춤추게 한다』 최근 화제가 되고 있는 책의 제
목이다. 수중 동물 쇼를 하기 위해 범고래를 훈련시킬 때 고래에
게 칭찬과 인정(보상으로 생선 주기, 접촉을 통한 교류 등)을 해
줌으로써 훈련에 성공하고 멋진 쇼를 진행할 수 있다는 내용이다.
칭찬에 대해 당신은 어떻게 생각하는가? 당신은 칭찬을 많이 하는

편인가? 아니면 인색한 편인가? 칭찬을 한다면 어떤 말을 하는가?
당신이 들은 칭찬 중 제일 기억에 남는 말은? 누가 그 칭찬을 하
였는가? 그 칭찬을 듣고 난 후 당신의 변화는?

사람들이 인간관계와 사회생활에서 가장 듣고 싶은 말이 칭찬
이다. 특히 일을 하는 데 있어 성취와 성장에 대해 함께하는 사람
들로부터 - 특히 상사로부터 - 인정받고 싶어 한다. 칭찬은 우리를
기쁘게 하고 지금보다 더 나는 모습을 갖추도록 동기부여하는 것
이다. 칭찬을 한다는 것은 그만큼 관심이 있음을 보여 주는 것이
고 그 사람의 성장을 기쁘게 생각한다는 것의 표현이다.

칭찬에 대한 잘못된 오해로 칭찬하면 버릇이 없어진다고 한다.
아니다. 잘못된 칭찬의 결과를 갖고 우리는 칭찬의 가치를 평가절
하한다. 그리고 상대에게 칭찬보다는 쓴소리를 잘해야 한다고 믿
고 있다. 이 또한 오해이다. 쓴소리는 진짜 신중하게 해야 하는 메
시지이다. 칭찬은 아부와는 다르다. 제대로 하는 칭찬은 그 사람
을 올바른 방향으로 나아갈 수 있도록 하고, 아부는 그 사람이 자
만하게 만들거나 잘못된 행동을 지속하게 만든다. 그리고 칭찬과
아부는 잘 구분이 되지 않을 수도 있다. 그런데 사실은 엄격한 구
분이 된다.

칭찬은 사실에 근거한, 진실한 마음을 가지고 그 사람을 아끼고
존경하는 것을 표현하는 것이다 반대로 아부는 그 사람을 일시적
으로 기분 좋게 하고 기준이 애매하고, 무엇이 올바른 일인지 판
단하는 데 실수를 하게 한다.

영업전문가로서 고객과의 우호적인 인간관계를 형성하고 인간적인 매력을 보여 주고 고객의 마음을 얻고자 한다면 칭찬의 힘을 믿고 활용하도록 하라. 말로만 감사한다는 등의 표현은 하지 마라. 마음을 다해 감사를 표현하고 행동으로 보여 주어야 한다.

칭찬을 잘함은 인간적인 성숙함을 보여 주는 것이다. 타인에 대한 관심을 보여 주는 것이다. 타인을 있는 그대로 수용하고 존중한다는 것을 보여 주는 것이다.

2) 칭찬을 잘하기 위한 방법

- 마음의 여유를 가져라.
- 칭찬거리(장점, 성취, 특성, 지식, 경력과 경험, 잘하는 것 등)를 찾으려고 노력하라.
- 대상을 확인하라.
- 행동 스타일을 파악하라.
- 장점을 강조하라.
- 다양한 표현방법을 강구하라.
- 주변상황을 고려하라.
- 칭찬을 제공하라.
- 반응을 탐색하라.
- 다음 칭찬을 준비하라.
- 과용하지 마라.

- 진지하게 하라.
- 칭찬의 이유를 구체적(그 사람의 행동, 근거를 활용)으로 이야기하라.
- 다른 사람들의 조언을 구하라.
- 카드나 메모지에 기록하라. 오랫동안 칭찬의 가치가 지속된다.
- 타인의 성취를 인정하라.
- 칭찬 파일을 만들어라(5W1H+교훈).
- 작은 칭찬부터 시작하라. 습관화를 위해 필요하다.

3) 행동

- 당신이 최근에 들은 칭찬은?

\# 누구로부터? _________________________________

\# 어떤 것에 대해서? _________________________________

\# 어떤 말로? _________________________________

\# 당신의 반응은? _________________________________

- 당신이 듣고 싶은 칭찬은:

\# 조직, 상사 _________________________________

\# 동료 _________________________________

\# 부하 _________________________________

\# 고객 _________________________________

제1장 영업의 이해

- 다른 사람의 기분을 좋게 만드는 당신의 말은?

____

- 그 말이 없다면 오늘부터 당신의 마스코트로 가지고 싶은
  말 또는 행동은(예: 파이팅, 최고라는 손가락 표시를 늘 보여
  주는 것 등)?

____

- 오늘 만나는 사람에게 어떤 칭찬을 할 것인가?
그 사람의 경력 __________________________
그 사람의 지식 __________________________
그 사람의 장기 __________________________
그 사람 주변의 소재 ______________________

⑨ 이야기 아홉 – 커뮤니케이션의 달인이 돼라 ^{세일즈 혁명}

수년 전 모 방송국의 엘리베이터 안. 그날따라 그 방송국의 회장이 급하게 엘리베이터를 타게 되었다. 그때 그 회장과 가까운 관계에 있는 국장이 같이 있음을 본 회장은 "자네 아직도 거기에 있나?"라는 말을 했다. 그때 그 방송국의 인사부장고· 다른 부장들도 같이 엘리베이터를 타고 있었다. 그 이야기를 들은 인사부장은 회장의 한마디에 고민이 되었다. 즉, 회장의 말을 이해할 수가 없었다. 당사자인 국장을 발령 내라는 것인지? 아니면 다른 어떤 조치를 취하라고 하는지를 파악할 수가 없었던 것이다. 며칠을 고민하던 인사부장은 그 국장을 다른 부서로 발령 냈다. 이 소식을 들은 당사자 국장은 노발대발하여 회장을 찾아가서 불평을 이야기했고 그 회장은 그러한 명령을 내린 적이 없다고 하면서 인사부장을 불러서 이유를 둗자 인사부장은 "지난번 엘리베이터에서 회장님이 '자네 아직도 거기에 있나?'라는 말을 듣고 그렇게 하였다"고 대답하였다.

– 어느 강연 중에서

곰과 토끼가 초원 위에 나란히 앉아서 용변을 보고 있었다. 곰이 토끼에게 "토끼야 너는 네 털에 똥이 묻는 것이 두렵지 않니!"라고 묻자 토끼가 "아니, 나는 그런 건 하나도 두렵지 않아!"라고 대답했다. 이 말을 들은 곰은 토끼를 덥석 붙잡아 자신의 엉덩이를 닦았다.

1) 메시지 9

사람들과의 관계, 비즈니스 활동에서 가장 기본적이고 중요한 역할을 하는 것이 대화이다. 대화의 목적은 여러 가지일 수 있지만 가장 중요한 목적은 나를 상대방에게 알리고(지식, 생각, 고민 등) 또 반대로 상대를 이해하려는(그의 생각, 지식, 고민 등) 것이다. 그리고 상대를 설득(상대의 동기를 기술적으로 움직여 자신의 바라는 사고, 판단, 행동하도록 하는 의도적인 시도)하는 것이다.

대화가 잘되지 않거나 단절되면 이해의 부재와 오해의 싹틈, 갈등의 발생 그리고 상대방과의 관계가 끝나고 함께 일할 수 없다는 것을 의미할 만큼 대화는 중요하다. 효과적인 대화는 상대와의 관계를 개선하고 더 강한 신뢰를 구축할 수도 있지만, 불합리하고 비효과적인 대화는 상대와의 관계를 깨는 역할도 한다. "말 한마디가 천 냥 빚을 갚는다"는 옛 속담이 있다. 우리의 선조들 또한 대화의 중요성을 알고 있음을 나타내는 것이다. 따뜻하고 신뢰를 주는 말 한마디가 상대에게 주는 영향력은 우리가 생각하는 것보다 훨씬 크다. 상대가 나에게 한 말 한마디로 우리의 마음이 열리고 닫히는 것을 생각하면 이해할 수 있을 것이다.

대화는 서로 주고(말하고)받는(듣는) 것이다. 어느 한쪽이 일방적으로 메시지를 전한다면 이는 올바른 대화라고 볼 수 없을 것이다. 대화는 상대방과의 끊임없는 교류가 있어야 한다. 대화의 방법에는 말로 하는 대화, 말없이 눈빛 또는 행동으로 의사를 전달하는 보디랭귀지, 글로 전하는 것 등등이 있다. 그리고 대화를 하는 상대와 서로에 대해 마음을 열지 않는다면 진실한 대화가 이루어지지 않는다. 대화를 하면서 상대의 마음을 닫게 하는 몇 가지 원인이 있다. ① 상대를 설득해 내가 원하는 것만을 얻어야 한다는 생각, ② 항상 내가 하는 말은 옳다는 생각과 태도, ③ 대화 타이밍의 부조화, ④ 상대를 비난하는 말이나 행동, ⑤ 상대를 위협하려는 것, ⑥ 말하는 사람이 자신의 감정을 조절하는 대감정 조절에 실패하는 경우, ⑦ 상대의 이야기를 듣지 않거나 상대가 이야기할 기회를 주지 않음 등이 상대로 하여금 대화에서 멀어지게 한다.

2) 상대방의 마음을 사로잡는 11가지의 방법

(1) '나 메시지'와 '너 메시지'를 적절하게 사용한다

특히 상대방을 비난할 때 많은 사람들은 '너 메시지'를 사용한다. '너 메시지'는 바로 상대방의 말과 태도를 비난하는 말이기 때문에 상대방은 반발하게 된다(왜 그러한 행동을 하는가! 바보같이). 이때 그 상황에 대한 나의 느낌을 이야기함으로써 상대방이 스스로 자신의 잘못을 알도록 하는 방법이다. 이것이 '나 메시지'이다(당신이 ~한 행동을 하니까(말을 하니까) 내 마음이 아프다). 나의 느낌을 그대로 전하는 것이 그 요령이다.

(2) 스몰토크(Small Talk)를 준비하라

대화를 하는 데 있어서 모든 내용을 심각하고 중요한 것으로만 할 수는 없다. 그러한 주제로 이야기를 해야 할지라도 대화를 시작할 때는 부드럽게 분위기를 만드는 대화기술이 필요하다. 이 기술을 스몰토크라고 한다. 간단하고 편안하게 그리고 즐거운 마음으로 이야기할 수 있는 대화 소재를 준비하라는 것이다. 날씨나 상대방의 옷, 뉴스, 취미, 여행, 휴가, 건강, 운동 등 작은 소재면 충분할 것이다.

(3) 내 욕구를 먼저 말하지 않는다

상대방에게 순수한 관심을 기울이고 상대방의 요구를 먼저 이야기하라. 그러면 상대도 내 욕구와 관심사에 흥미를 가질 것이다. 가급적 대화는 상대방 중심으로 하는 것이 좋다.

(4) 일단 모든 일에 긍정적으로 말한다

똑같은 상황이라도 긍정적인 메시지는 마음을 열게 하고 즐거움을 준다. 사물과 상황을 긍정적으로 보는 태도는 타인에게 강한 인상을 남길 수 있다.

(5) 내 생각을 상대방에게 강요하지 않는다

상대가 나의 생각을 기꺼이 받아들이도록 만들어라. 최고의 설득기술이고 대화기법이다. 따라서 대화를 준비하도록 하라. 근거

와 사례를 중심으로 이야기를 전개해 상대가 자신도 모르게 당신
의 주장을 수용하도록 하는 것이 좋다.

(6) 상대방의 말을 끝까지 듣는다

경청은 경청을 부른다. 경청은 다른 사람을 있는 그대로 존중하
고 인정하는 것이다. 경청은 당신의 인간성을 보여 주는 것이다.
따라서 경청은 상대의 마음을 얻는 최고의 무기이다. 물론 경청을
통해서만이 상대가 원하는 것을 파악할 수 있다.

(7) 말의 길이를 상황에 따라 자유롭게 조절한다

상대의 반응과 이해의 정도에 따라 대화의 길이를 조절하라. 말
할 때도 상대의 반응과 이해 정도를 확인하면서 말하는 것이 중요
하다.

(8) 말하는 동안 예의를 지킨다

무례한 태도와 표현으로 메시지를 전하지 마라. 무례한 태도와
표현은 자신의 인간관을 보여 주는 것이다.

(9) 당당하고 명확하게 협조를 구한다

상대에게 요구하는 행동이 있으면 솔직하고 명확하게 표현하
라. 애매한 말, 이중해석이 가능한 복선이 깔린 말을 하고 상대가
자신이 원하는 행동을 하기를 바라는 것은 이기적인 생각이다. 이

는 오히려 상대를 곤란하게 만드는 것이다.

(10) 눈으로 말한다

대화할 때는 상대의 눈을 바라보는 것이 중요하다. 시선의 방향은 말의 진실성을 판단하는 기준이 되기도 한다.

(11) 나만의 스타일을 만든다

독특한 대화스타일은 상대에게 나를 기억시킨다. 감사의 표현, 상대의 장점을 한 가지는 반드시 이야기하는 것, 상대의 중요한 말을 기억해 주는 것, 표현의 다양성 등은 매우 상징적인 메시지로 상대가 나를 기억하고 좋아하도록 만든다.

3) 행동

– 오늘 대화를 나눌 대상은?

____

– 대화의 목적은?

____

– 목적 달성을 위해 어떻게 대화를 시작하고 이끌 것인가(준비할 것)?

____

- 상대에 대해서 얼마나 알고 있는가?

- 상대방의 마음을 열 메시지는?

---

❿ 이야기 열 – 더 큰 것을 원한다면 익숙한 것을 벗어 던져라

"여행객을 태운 비행기가 비행 도중에 사막 한가운데 추락했다. 대부분의 사람들이 이 사고로 생명을 잃었고, 몇몇 사람들만 간신히 목숨을 건졌다. 게다가 비행기의 모든 장비가 고장 나서 어떤 연락 수단도 활용이 불가능하였고, 비행기에 남아 있는 식량은 생명을 건진 사람들이 겨우 며칠간 먹을 수 있는 양이었다. 식량 부족과 물 부족을 알게 된 생존자들은 다음 날부터 물을 찾아 나섰다. 해가 뜨면 사막을 살피며 오아시스를 찾고 해가 지면 다시 비행기로 돌아왔다. 이러기를 며칠… 찾던 오아시스는 찾을 수가 없었고 사람들은 지쳐 갔다. 그리고 남은 식량도 하루를 버틸 수 있는 분량만 남았다. 그러던 중 젊은이 한 명이 이야기를 했다. '우리가 비행기로 되돌아와야 한다는 생각을 가지고 있기 때문에 멀리 나가지 못하고 따라서 오아시스를 찾을 수 없다. 내일은 비행기를 태워 버린 후 죽을 각오를 하고 오아시스를 찾아 나서자.' 이 말을 들은 사람들은 그 다음 날 비행기를 태워 버리고 팀으로 나눠서 오아시스를 찾아 나섰고 드디어 오아시스를 발견하게 되었다."

1) 메시지 10

우리가 원하는 목표를 달성하기 위해서는 목표에 합당한 대가를 지불해야 하고 지금 우리에게 익숙한 것(습관, 안주하는 태도 등)들을 과감히 폐기해야 한다. 그렇게 하지 않는다면 우리의 습관이 가진 회귀본능으로 다시 원점에 이르게 된다. 성공은 어떤 습관을 가지고 있느냐가 좌우한다. 성공하는 사람들은 성공하는 습관(목표수립, 끈기, 인내, 도전, 열정, 긍정적 사고 등)을 갖고 있고, 성공하지 못하는 사람들은 성공하지 못하는 습관을 가지고 있다. 따라서 당신이 가진 습관 중에 자신의 목표를 달성하는 데 방해가 되는 것을 당장 그리고 과감하게 폐기하도록 하라.

배수의 진이라는 말이 있다. 들어갈 수단이 없을 때 최선을 다해, 목숨을 걸고 싸워 이기기 위한 전략이다. 때로는 스스로를 이렇게 극한상황에 부딪히게 하는 것도 목표달성의 한 방법이다. '오늘 혹은 이번 달에 계약을 수주하지 못해 인센티브를 못 받는다. 그러면 영업전문가로서 이미지 쇄신을 위해 구입한 옷값을 치르지 못한다. 그러면 신용에 부정적인 영향을 받는다. 그러면 다음 달에 중요한 구매(대학원을 진학하는 데 필요한 대출, 가족과 약속한 집 구입 대출 등)를 하지 못한다. 이 때문에 더욱 영업활동에 집중한다'와 같은 절실한 상황이 때로는 필요하다.

자신의 목표달성에 도움이 되는 새로운 습관을 가지기 위해서는 한두 번의 시도로 습관이 형성되지 않는다. 몸에 익숙해질 때까지 반복해서 연습해야 한다. 얼마 전 미국에서 사회적으로 인정받는 성공인들 1,000명을 조사한 결과 그들이 성공한 요소는 3가지 - 비전과 목표, 열정 그리고 좋은 습관 - 로 나왔다.

습관은 행동의 반복에 의해 형성된다. 행동은 선택이 결정하고 어떤 행동을 선택할 것인가는 자신이 원하는 목표와 욕구가 결정

한다. 따라서 좋은 습관을 들이기 위해서는 목표수립→행동선택→
행동의 반복(될 때까지)→습관→목표달성의 과정을 이해하고 생활
화하여야 한다.

2) 행동

– 당신이 생각하는 성공한 사람은?

____

그들이 가진 장점은? _______________________________
그들에게 배울 점은? _______________________________

– 성공하지 못하는 사람들이 가진 특성과 습관은?

____

–당신의 비전과 목표는?

____

– 당신이 가진 습관 중 당신이 비전과 목표를 달성하는 데 도
  움이 되는 습관은?

____

− 버려야 할 습관은?

− 새롭게 가져야 할 습관은?

− 그 습관을 가지기 위해 무엇을 해야 하는가?

제
1
장

영
업
의
이
해

⑪ 이야기 열하나 – 두려움을 극복하라

한 사형수가 총살하기 전에 사형장에 세워졌다. 사형집행을 하기 전 사형 집행관이 마지막으로 말을 했다. "지금 당신에게 마지막으로 선택의 기회를 주겠다. 하나는 그대로 사형집행을 당하는 것이고, 다른 하나는 당신 뒤에 검은 문이 있다. 그 문을 열고 들어가는 것이다. 이 둘 중 하나를 택하라." 그러자 한참을 생각한 사형수는 그대로 총살을 택했다. 사형이 집행된 후 사격을 한 사람이 집행관에게 물었다. "저 문 뒤에는 무엇이 있기에 그 사형수는 총살을 택했습니까?"라고 그러자 집행관이 말했다. "자네가 직접 확인해 보게." 그래서 그 사람이 검은 문을 열자 그 뒤에는 세상으로 나가는 길이 있었다. 바로 '자유'라는.

깜짝 놀란 그 사람은 다시 집행관에게 말했다. "아니. 자유가 있었는데 왜 그 사형수는 문을 열고 들어가는 것을 택하지 않았습니까?" 그러자 집행관은 "자네가 궁금해하였듯이 그 사형수도 그 문 뒤에 무엇이 있는지를 궁금해하였을 것이네. 그리고 어떠한 것이 있을지 두려웠을 것이고, 그 두려움을 선택하기보다는 두려움이 없는 그리고 명확한 사형을 당하는 것을 선택한 것이지."

1) 메시지 11

우리는 누구나 어떤 일을 하는 데 두려움을 가지고 있다. 그 일은 처음 하는 것이라서 두려울 수 있고, 과거의 실패 때문에 재도전을 두려워할 수도 있다. 그러나 중요한 것은 두려움을 이기지 못한다면 그 어떤 일도 할 수 없다는 것이다. 또한 두려움에 있다는 것은 우리가 살아 있다는 증거이고, 자신의 능력을 시험할 수 있는 기회가 된다.

카르타고의 장군 한니발은 '길이 없다면 만들면 된다'라고 했다. 곧 두려움을 극복하고 도전하라는 것이다. 그 결과는 아무도 모른다. 다만 그 도전을 실행하느냐 아니면 포기하느냐이다. 당신이 성공할 기회는 다음의 길모퉁이를 돌면 있을 수도 있다. 그런데 당신은 어떤 두려움 때문에 다음 모퉁이까지 가서 도는 것을 하지 않는다면 성공의 기회는 없을 것이다. 선택의 두려움보다는 선택의 결과를 기대하면서 두려움을 극복할 수 있어야 한다.

쉽고 명확한 것이 오히려 차선책이 될 수도 있다. 안정적인 선택은 현상유지에 도움이 될 뿐이다. 현실을 극복하고 새로운 현실을 만들고자 한다면 선택과 결과에 대한 두려움을 극복하고 과감한 선택을 할 수 있어야 한다. 영업전문가로서 고객을 만나는 것을 두려워해서는 절대로 안 된다. 고객이 자신보다 직위가 높고 나이가 많은 것이 두려움의 대상이 아니다. 영업전문가가 가져야 하는 가장 큰 두려움은 고객을 경쟁사에게 빼앗기는 것이다.

두려움을 극복하는 길은 준비를 하는 것이다. 상황을 분석하고 선택의 결과를 기대하고, 상대의 반응을 예측하는 것이 필요하다. 무턱대고 준비 없이 도전할 수는 없다. 그렇게 해서도 안 된다.

2) 행동

– 당신이 가진 두려움에는 어떤 것이 있는가?

____

– 혹 두려움 때문에 하지 않는 어떤 일과 행동이 있는가?

____

있다면 그 결과는?

____

– 그 두려움은 어디에서 생겼는가?

____

– 앞으로도 그러한 두려움을 이기지 못하다면?

____

– 만일 그 두려움이 없다면 당신은 어떻게 행동하겠는가?

____

– 두려움을 극복하기 위해 준비할 것은?

____

⑫ 이야기 열둘 – 도전으로 기회를 잡아라

"세계적인 자동차회사를 설립한 포드라는 사람이 처음 자동차에 대한 사업계획서를 작성해 은행의 지점장을 찾아갔다. 물론 사업자금을 대출받기 위해서였다. 계획서와 설명을 들은 그 은행의 지점장은 창문의 커튼을 열어 보이면서 이렇게 말했다. '저기 밖에 있는 사람들이 보이지요? 저들도 당신과 꼭 같은 사업계획서를 가지고 나를 만나고 간 사람입니다. 당신이 오기 전에 당신이 제안한 내용과 같은 사업계획서를 가지고 다녀간 사람이 500명이 넘습니다.' 과연 우리라면 어떻게 했을까? 그 이야기를 들은 '포드'는 그것에 굴하지 않고 자신의 사업계획을 설득을 시켜 세계적인 자동차회사를 만들게 되었다."

"어느 날 회사 일을 마치고 차를 몰고 집으로 돌아가던 중 나는 집 근처 공원에 잠시 차를 세웠다. 그곳에서 벌어지고 있는 동네 꼬마들의 야구 경기를 구경하기 위해서다. 1루 쪽 벤치에 앉아 있으면서 나는 1루 수비를 보고 있는 아이에게 점수가 어떻게 되느냐고 소리쳐 물었다. 아이는 웃으면서 말했다.

'우리가 14 대 0으로 지고 있어요.'

내가 말했다.

'그래? 그런데 너는 그다지 절망적이지 않아 보이는구나.'

그러자 아이는 깜짝 놀란 표정을 하고 내게 말했다.

'절망적이라고요? 왜 우리가 절망적이어야 하지요? 우린 아직 한 번도 공격하지 않았는데요.'"

우리의 인생에서 성공할 수 있는 성공의 기회는 세 번 온다고들 한다. 이 말이 사실인지 아닌지는 둘째로 하고 중요한 사실은 우리가 성공할 수 있는 기회가 언제 우리에게 오는지 알 수가 없다는 것이고, 많은 사람들은 그 기회가 지나간 다음에 그 기회를 잡지 못한 것을 후회한다는 것이다. 당신의 성공기회는 몇번 남았는가?

당신은 어렵고 힘든 경험을 할 때 또는 장애물에 봉착했을 때 어떤 관점으로 상황을 바라보는가? 기회가 사라졌다고 보는가? 아니면 아직 시기가 아니거나 새로운 기회를 찾는가? 긍정적으로 생각하는가? 부정적으로 생각하는가? 장애물의 이면에 숨겨진 기회를 보는가? 아니면 장애물을 있는 그대로 보는가? 기회는 도전해보지 않으면 알 수 없다. 기회는 도전이라는 두려움과 대가를 요구한다. 어떠한 상황, 환경, 장애물에 봉착하더라도 긍정적인 시각, 가능하다는 시각, 기회를 찾는 태도를 가지는 것이 중요하다. 불가능이라는 영어단어인 'IMPOSSIBLE'을 관점을 바꾸어 보면 I'M POSSIBLE가 된다. 불가능 속에 가능성 있다는 의미이다. '아쉽다'라는 단어는 '아! 쉽다'라고 해석할 수도 있다.

당신은 성공의 반대가 무엇이라고 생각하는가? '실패'라고 생각하는가? 대부분의 사람들은 성공의 반대를 실패라고 생각한다. 우리가 알고 잇는 엄청난 잘못된 진실이다. 그렇다면 격언인 '실패는 성공의 어머니이다'라는 말의 진실은? 이 격언에 따르면 성공은 실패의 아들, 딸이다. 성공의 반대인가? 아니다. 실패를 통해서 성공을 한다는 것이다. 즉, 성공은 실패라는 과정을 거치는 것이다. 그리고 실패라는 과정이 성공의 가치를 빛나게 하고 의미 있게 한다. 왜? 누구나 자신이 새롭게 도전하는 일에는 익숙하지 않기 때문이다. 따라서 그 일을 하는 데는 실패—능력이 충분하지 않든, 시기가 빨라서이든—가 당연히 있기 마련이다. 중요한 것은 실패했을 때 다시 도전하는 마음을 가지고 재도전의 행동을 하느냐 아니면 실패로 인해 낙담을 하고 도전하는 행동을 포기하느냐이다.

성공의 반대는 실패가 아니고 포기이다. 포기하는 것은 다음 모퉁이를 돌면 있을 성공의 기회를 잡기 위해 걸음을 떼는 것을 하지 않는 것이다.

영국의 위대한 정치가 처칠은 어느 연설에서 유명한 말을 했다. 'Never, Never, Never Forgive!'라고—절대로, 절대로, 절대로 포기하지 마라!

영업전문가는 수많은 고객의 거절, 저항, 반대를 극복하고 영업의 성과인 계약서를 받는다. 그래서 그 계약서를 받을 때의 성취감은 어떤 말로도 표현하기 어렵다. 어떤 고객이 영업전문가의 제안을 덥석 받아들이는가? 영업전문가가 이러한 고객의 거절과 반대, 저항에 굴복한다면 영업전믄가로서의 성과는 미미할 것이다. 고객의 저항과 거절 이면에 있는 고객의 욕구를 찾는 노력, 가망고객으로 정한 고객이 반드시 구매할 것이라는 믿음을 갖고 그 기회를 찾아야 할 것이다. 고객에게 확신을 심어 주기 위해 때로는 새롭고 창의적인 영업활동을 시도할 수도 있어야 한다.

　고객의 강한 반대, 저항 이면에는 더 나은 기회가 있다고 생각하라. 제대로 시도도 하지 않고 섣불리 포기하는 어리석음을 저지르지 마라.

　2) 행동

　- 당신이 도전 경험을 생각하라.

언제? ______________________________________

결과는? ______________________________________

다시 그런 일이 생긴다면?

____

　- 최근에 도전하고 있는 것은?

____

　- 지속적으로 도전할 만큼 중요하고 가치 있는 것인가?

____

　- 기대하는 결과는?

____

- 봉착한 장애물과 어려움은?

___

- 그 속의 가능성과 기회는?

___

- 어떤 행동과 전략으로 그 가능성을 기회로 만들 것인가?

___

- 오늘 도전할 것은?

___

13 이야기 열셋 – 시간의 가치를 알고 극대화하라

세계적인 바이올리니스트를 꿈꾸는 학생이 있었다. 그 학생은 매일 학교에서 엄청난 연습을 하였지만 자신의 꿈을 이루기 위해서는 좀 더 많은 연습이 자신에게 필요하다는 것을 알고 있었다. 그래서 그 학생은 선생님과 상의한 결과 학교를 마친 후 집으로 돌아가 매일 4시간의 연습을 하기로 하였다.

그런데 며칠이 지나도 집에서의 연습을 제대로 할 수가 없었고, 또 연습을 하더라도 한 시간을 채우지 못하는 것이었다. 이것에 불만을 가지고 학생은 선생님을 찾아가서 자신의 불만을 이야기하였다. 몇 마디의 말을 주고받은 뒤 선생님은 *"자네가 집에서 충분한 연습을 하지 못하는 이유를 찾아보세. 자네가 학교를 마치고 집에 가서 하는 일을 이야기해 보게?"* 그러자 학생은 *"저는 집에 가서 연습을 위한 준비로 먼저 집을 깨끗이 정리합니다. 그리고 제 방도 정리하고 식사한 후 연습에 들어갑니다"*라고, *"그렇다면 자네가 그 일을 다 하고 몇 시에 연습을 시작하는가?"*라고 선생님이 묻자 *"11시쯤 되어서입니다"*라고 학생은 대답하였다. 그러자 선생님은 다음과 같은 제안을 하였다. *"오늘부터는 집에 도착하면 우선 자네가 원하는 시간만큼 바이올린을 연습을 한 후 다른 일들을 하도록 하게. 그러면 충분한 연습을 할 수 있을 것일세."* 그 제안을 받아들인 학생은 매일 4시간의 연습을 할 수 있었고, 자신의 꿈을 향해 한 걸음씩 다가갈 수 있었다.

1) 메시지 13

모든 사람에게 공평하게 주어진 것이 시간이다. 이 시간은 그 누구도 더 많이 갖거나 적게 가질 수 있는 것이 아니다. 하지만 이 한정된 시간을 더 가치 있게 사용하고 더 많이 활용할 수 있는 방법은 주어진 시간을 어떻게 관리하고 그리고 무슨 일(선택)에 쓰는가이다. 당신의 하루 일과를 점검해 보라. 정말로 중요한 일에 시간을 제대로 쓰고 있는가? 쉽고 즐거운 일, 하지만 가치는 떨어지는 일(지나친 TV시청 등)에 당신의 시간을 대부분 쓰지는 않는가?

힘들고 어려운 일, 조금은 고통이 따르는 일을 하기를 원하지는 않고 편안한 일을 하고자 하는 것이 우리의 본성이다. 그러나 지금의 자리에서 벗어나는 데 필요한 일, 그리고 더 나은 자신을 만들기 위해서는 때로는 어렵고 힘든 일을 해야 한다. 그런데 이러한 중요한 일에 시간을 적게 쓴다면 자신의 가치는 언제 올릴 것인가? 조사에 의하면 많은 사람들은 급하지도 않고 중요하지도 않은 일에 자신의 시간을 절반 이상을 소비한다는 것이다. 반대로 성공적인 사람들은 자신의 시간을 매우 효율적으로 쓴다는 것을 보여 준다.

다음의 그림은 시간을 효율적으로 쓰는 사람과 그렇지 않은 사람의 시간관리를 나타낸다.

20~25%	65~80%
(25~30%)	(15%)
15%	1% 이하
(50~60%)	(2~3%)

고 / 중요도 / 저 (vertical axis); 고 / 긴급성 / 저 (horizontal axis)

출처: F. Covey, 『소중한 것을 먼저 해라…』

〈그림 3-1〉 시간관리 효율

시간을 효율적으로 쓰는 사람은 중요하고 급한 일에 20~25%의 시간을, 중요하지만 급하지 않은 일에 65~80%의 시간을, 긴급하지만 중요하지 않은 일에 15%의 시간을 마지막으로 급하지도 중요하지도 않은 일에 1% 이하의 시간을 쓰며, 시간을 효과적으로 관리하지 못하는 보통의 사람들은 중요하고 급한 일에 25~30%의 시간을, 중요하지만 급하지 않은 일에 15%의 시간을, 긴급하지만 중요하지 않은 일에 50~60%의 시간을 마지막으로 급하지도 중요하지도 않은 일에 2~3% 이하의 시간을 쓴다. 자신에게 중요하지만 급하지 않은 일에 시간을 많이 쓸수록 시간이 없어서 쩔쩔매는 일이 줄어든다.

각 사분면에 들어가는 일들은 다음과 같다.

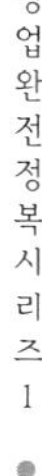

	긴급함	긴급하지 않음
중요함	1. 응급사태(사고) 2. 중요한 회의 3. 가족의 경조사 4. 수업 5. 긴급한 보고 6. 불시감사 7. 생리현상 8. 각종 돌발사태	1. 운동, 건강 관리 2. 미래계획, 준비, 예방, 정비 3. 교육, 자기계발 4. 명상, 가치관 정립, 사명서 5. 일일 · 월간계획 6. 대인관계 7. 신앙, 봉사활동 8. 가족 간의 대화, 여행
중요하지 않음	1. 체면치레 경 · 조사 2. 눈 도장 3. 잡다한 우편물 4. 불필요한 방문, 전화 5. 준비되지 않은 형식적 회의 6. 각종 모임 7. OPI's(Other People Issues) 8. 인기 위주 활동	1. 잡담 2. GO-STOP, 지나친 오락(바둑) 3. 회식(2.3차) 4. 지나친 TV 시청 5. Eye-Shopping 6. 신문 보기(과도한)

출처: F. Covey, 『소중한 것을 먼저 해라…』

〈그림 3-2〉 시간관리 우선순위

시간을 효과적으로 관리한다는 것은 인생을 효과적으로 관리하는 것이다. 시간관리는 선택을 요구한다. 시간관리는 새로운 행동을 요구한다. 시간관리는 인내심을 요구한다. 시간관리는 더 나은 미래를 준비하는 비전 중심의 삶을 요구한다. 시간관리는 '티끌 모아 태산'이라는 속담을 실현하도록 해 준다. 따라서 시간관리는 새로운 도전이다.

영업전문가에게 있어 시간은 매우 중요한 자원이다. 영업전문가에게 효과적인 시간관리를 하는 것은 올바른 가망고객을 발굴하고 제대로 된 영업활동을 전거함을 의미한다. 발로 뛰는 영업에

효율성을 더해 준다.

시간을 이해하고 시간관리에 좀 더 집중하도록 하라.

2) 시간이란?

(1) 시간은 신비한 것이다. 시간은 눈에 보이지 않지만 계산되고 사람들을 그 속에 머물도록 하면서 사람들의 삶을 숫자로 표현한다. 그리고 사람들을 조급하게 만들고 시간을 허비함에 후회를 하게 한다.

(2) 시간은 귀한 것이다. 시간은 되돌릴 수 없고, 제한되어 있고, 나눌 수 없고 빌려 주거나 빌릴 수 없기 때문에 귀하다. 시간은 쌓아 둘 수도 없다. 지나가면 그만이다. 그리고 시간은 그 시간에 무엇을 하면서 보냈는가에 따라 그 시간의 가치가 결정된다.

(3) 시간은 기회이다. 주어진 시간에 새로운 경험을 할 수도 있고, 새로운 책을 읽을 수도 있으며 새로운 사람과의 관계를 시작할 수도 있다. 이 모든 것이 기회이다. 물론 이를 위해서는 선택을 하여야 하고 그 선택은 새로운 기회를 준다는 것이다.

(4) 시간은 생명이다. 시간은 우리가 살아 있는 동안만 함께하는 것이다. 따라서 우리의 삶(생명)과 시간은 항상 함께한다. 목적 없이 아무것도 하지 않는 시간은 죽은 시간이 된다. 또한 우리의 삶도 없는 것이다.

(5) 시간은 짧다. 이는 상대적인 느낌이다. 그리고 시간은 충분하^{세월천행}
지 않고 재충전이 안 되기 때문에 항상 시간은 부족하고 짧다.
그렇지만 이 짧은 시간 속어서도 우리가 할 수 있는 일은 많
다. 시간이 짧은 것은 중요한 일에 더 많은 시간을 사용하라는
메시지를 준다. 하지만 가치 있는 일로 축적된 시간(매일 10분
간의 운동, 30분간의 독서 등)은 굉장히 길고 가치 있다[하루
10분은 한 달이면 300분, 1년이면 3,600분(60시간)이다].

(6) 시간은 일회적이다. 이는 시간은 현재만 존재한다는 것이다.
과거는 부도수표이고 미래는 부도날지 모르는 약속어음이
라고도 한다. 가장 소중한 시간은 지금 현재이다. 지금 하는
일, 지금 만나는 사람, 지금 있는 장소에서 최선을 다해야 한
다. 시간은 지나가면 그만이다. 어느 누구도 그 시간을 되돌
릴 수는 없다. 비록 신이라 하더라도….

(7) 시간은 종말적이다. 시간은 지나가면 그만이다. 누구도 시간
을 되돌릴 수 없다. 잠시 후의 시간은 새로운 시간이다. 왜냐
하면 세상이 변하였고 우리 또한 조금 전의 우리와는 다른
사람이기 때문이다.

3) 행동

- 당신이 오늘 할 일을 전부 적어 보아라.

- 그 일 중 당신에게 중요하고 급한 것의 순서를 매겨라(삶의 비전, 목표에 도움이 되는가가 기준이다).
  ① 중요하고 급한 일, ② 중요하지만 급하지 않은 일, ③ 급하지만 중요하지 않은 일, ④ 중요하지도 급하지도 않은 일의 순서로 시간을 정하고 행동하라.

- 그 일을 하는 데 소요되는 시간을 예상하고 시간을 확보해 집중하라.

- 우선순위에 맞춰 시간을 계획하라.

- 매일의 일정에 당신의 미래를 위해 준비(운동, 책 읽기, 사람 만나기, 가족과 대화하기 등)하는 시간을 확보하라. 그리고 조금이라도 실천하라.

- 어떤 일을 하든 지금 당신이 하는 일에 최선을 다하고 지금의 순간을 행복하게 보내라.

---

14 이야기 열넷 – 원하는 것을 갖고자 하면 대가를 치러라

어떤 사람이 자동차를 타고 성공으로 가는 길을 가고 있었다. 한참을 가는데 길 앞에 팻말이 하나 있었다. 거기에는 이런 글이 쓰여 있었다. "통행료를 지불할 준비를 하십시오!"

"농사일을 하는 농부의 소원은 일 년 만이라도 비바람과 눈, 폭풍우, 태풍 없이 농사를 짓는 것이었다. 그 농부는 간절한 마음으로 신께 기도를 하였다. 곡식과 작물, 과일나무들이 아무런 피해 없이 열매를 맺을 수 있도록 항상 따뜻한 태양과 적절한 바람과 비를 내려주십사고…. 드디어 농부의 간절한 기도를 듣게 된 신은 그 농부의 소원을 들어주었다. 적당한 태양과 비, 바람으로 농사는 그야말로 풍년이 되었다. 드디어 어느 가을 농부는 즐거운 마음으로 수확을 하였다. 하지만 잠시 후 농부는 하얗게 질리고 말았다. 왜일까요? 농부가 수확한 과일과 곡식들은 겉은 잘 익었으나 속은 텅 비어 있었던 것이다."

1) 메시지 14

당신은 이제까지의 삶에서 무엇인가 공짜로 얻은 것이 있는가? 있다면 무엇인가? 그것은 진짜 저절로 생긴 것인가? 아닐 것이다. 삶의 진실 중 하나가 바로 '세상에는 공짜가 없다'라는 것이다. 당신이 일요일 우연히 사무실에 들렀다가 신규 고객의 방문을 받고 계약을 체결하였다. 공짜인가? 당신이 회사에 가지 않고 산책을 하였다면? 당신의 친구가 당신데게 선물을 주었다. 공짜인가? 그

동안 그 친구와의 우정을 돈독하게 쌓지 않았다면? 아니 자주 만나지도 않았다면….

그리고 시련은 성공의 밑거름이다. 시련이 없는 성공은 가치가 그만큼 반감된다. 시련은 우리를 더 강하게 해 준다. 시련을 두려워하거나 피해서는 단련되지 않고 열매를 맺을 수가 없다. 이 시련이 성공을 위해 치른 대가이다.

결론적으로 우리는 원하는 것을 얻기 위해서 그것에 상응하는 대가를 지불해야 한다. 그리고 우리가 원하는 것이 크면 클수록 지불해야 할 대가는 더 커진다. 그 대가는 당신의 돈이든, 에너지든, 지식이든…. 따라서 당신이 원하는 것이 명료할수록 어떤 대가를 지불해야 할 것인지를 결정할 수 있다. 그냥 열심히 해서는 안 된다. 올바른 일을 열심히 하는 것이 필요하다. 그리고 자신이 원하는 목표를 달성하고 비전 달성을 위해 준비하는 것은 스스로 시련을 만들어 스스로를 단련하는 것이다. 나중에 더 큰 시련이 닥쳤을 때 극복할 수 있는 에너지를 충전하는 것이다.

스스로를 위한 시련을 겪는 사람이 주도적인 삶을 살아가는 셀프 리더이다. 어려움과 힘든 과정이 없는 길만을 고집하지 마라. 그러면 당신의 성과는 미미할 것이다.

영업전문가로서 겪는 많은 시련(고객의 거절, 내부 협력의 어려움, 경쟁사의 움직임, 영업활동 자체의 시련 등)은 영업전문가를 더욱 강하게 성장시키는 기반이 된다. 시련을 시련으로 보지 말고 단련의 기회로 보도록 하라. 더 큰 성공을 위해 치르는 대가라고

생각하라. 그리고 그 시련을 기꺼이 받아들이고 극복하라!^{세일즈 혁명}

2) 행동

- 오늘 당신의 비전은? 오늘 하루를 어떻게 보내고 싶은가?

____

- 오늘 당신의 비전은 무엇을 대가로 요구할 것인가?

____

- 당신은 무엇을 기꺼이 지불할 것인가?

____

- 그 비전의 달성에 당신이 감수해야 하는 시련, 도전은?

____

- 당신의 비전을 위해 지불할 것 중 미리 준비할 것은?

____

 이야기 열다섯 – 원칙을 지켜라

'포타 – 라모'라는 인디언 노인은 매일 시장에 나와 좌판을 열고 양파를 판다. 어느 날 시카고에서 온 백인이 다가와 물었다. "양파 한 줄에 얼마입니까?" "10센트입니다." "두 줄에는 얼마죠?" "20센트죠." "세 줄에는요?" "30센트라오." 그러자 백인이 말했다. "별로 깎아 주는 게 없군요. 세 줄을 25센트에 파시죠." "그렇게는 안 됩니다." 인디언 노인은 느리지만 단호한 어조로 대답했다. 다시 백인이 물었다. "그렇다면 여기 있는 것 다 사면 얼마입니까?" 백인이 떨이로 사보겠다는 속셈이었다. 인디언 노인은 백인을 물끄러미 쳐다보며 발했다. "그렇게는 팔 수 없습니다." 백인은 의아해하면서 되물었다. "왜 못 파신다는 거죠? 양파를 팔러 나오신 거 아닙니까?" 늙은 인디언은 깊은 호흡으로 담배연기를 들이마시며 천천히 그러고는 담담한 어조로 말했다. "나는 여기 단지 양파만을 팔러 나와 있는 것이 아니라오. 난 지금 내 인생을 사려고 나와 있는 거요." 늙은 인디언의 예상치 못한 대답에 백인은 적이 당황했다. 늙은 인디언은 굵게 파인 이마의 주름 사이로 흐르는 땀을 갈퀴같이 험해진 손으로 닦으며 말을 이어 갔다. "나는 이 시장을 사랑합니다. 북적대는 사람들을 사랑하고, 붉은 서라피(어깨나 무릎 덮개 등으로 사용되는 색깔이 화려한 모포)를 좋아하지요. 나는 햇빛을 사랑하고 바람에 흔들리는 종려나무를 사랑합니다. 나는 친구들과 함께 담배를 태우고, 시장 통 아이들과 소란스레 이야기를 나누는 것을 좋아하지요. 나는 여기서 사람들과 만나는 것이 얼마나 즐거운 일인지 날마다 느낍니다. 이게 바로 내 삶입니다. 나는 그 삶을 살아 내기 위해 하루 종일 여기 앉아서 양파를 팔고 있는 거랍니다. 그러니 내가 당신에게 이 양파들을 몽땅 팔아 치운다면 내 하루도 그걸로 끝이 나지 않겠습니까? 그렇게 되면 나는 어디 가서 내가 사랑하는 사람들과 함께 지낼 수 있을까요? 결국 다 잃게 되는 것 아닐까요?"

– 정진홍. 『감성 바이러스를 퍼드려라』 중에서

1) 메시지 15

　당신은 어떤 원칙을 가지고 일하고 생활하는가? 어떤 일이 생기더라도 당신이 지키고자 하는 원칙은 무엇인가? 당신이 원하는 삶을 살기 위해 당신이 지켜야 하고, 타협해서는 안 되는 원칙이 있는가? 우리는 이러한 원칙을 가치관이라고도 한다. 최선을 다해 자신의 삶에서 소중한 원칙을 지키는 것은 자신의 존재의미를 강하게 하는 것이다. 이 원칙을 깨서는 안 되고, 타협을 해서도 안 되며 어떤 이유를 가지더라도 이 원칙에서 벗어나는 일을 해서도 안 된다.

　이유는 이 원칙을 지키는 것이 자신의 브랜드를 다른 사람들에게 보여 줄 수 있는 계기가 되고 그들에게 당신의 존재감을 각인시키는 것이 되기 때문이다. 비즈니스 상품의 브랜드 가치가 있듯이 우리도 그러한 자신의 가치를 개발하고 지켜야 한다. 또한 주변의 비도덕적이고 비윤리적인 유혹을 뿌리치는 힘도 이 원칙이다. 원칙을 지키기 위해서는 무언가 대가 또는 희생이 따를 수도 있다. 그러나 원칙을 버리는 것보다는 그 원칙을 지키는 것에서 진정한 전문가의 모습을 보여 줄 수 있게 된다.

2) 행동

– 인생의 원칙을 생각해 보아라(비전을 달성하기 위해 지켜야
  하는 8개 원칙)
직업적인 비전: _______________________________________
  지켜야 하는 원칙: _____________________________________
재정적 비전: ____
  지켜야 하는 원칙: _____________________________________
가족의 비전: ____
  지켜야 하는 원칙: _____________________________________
건강에 대한 비전: _____________________________________
  지켜야 하는 원칙: _____________________________________
사회활동, 인간관계의 비전: _____________________________
  지켜야 하는 원칙: _____________________________________
교육, 자기계발의 비전: _________________________________
  지켜야 하는 원칙: _____________________________________
레저/취미에서의 비전: __________________________________
  지켜야 하는 원칙: _____________________________________

⑯ 이야기 열여섯 – 일관성으로 신뢰감, 믿음을 주어라

젊은이가 길을 걸어가고 있다. 그런데 그 젊은이의 앞에 너무나 아름다운 여인이 길을 가고 있는 것이 아닌가! 그 젊은이는 그 연인을 쫓아가 "당신은 이제껏 내가 본 여인들 중 가장 아름다운 여인입니다. 나와 결혼을 해 주십시오!"라고 그 여인에게 청혼하였다. 그러자 그 여인은 "당신은 지금 잘못 알고 있습니다. 당신 뒤에는 나보다 훨씬 아름다운 내 동생이 오고 있습니다"라고 대답하자 그 젊은이는 순간 뒤를 돌아보았다. 그런데 거기에는 늙은 여인이 길을 걸어오고 있었다. 다시 그 젊은이는 그 여인에게 "왜 당신은 나에게 거짓말을 하였습니까? 어떻게 저 노인을 당신보다 아름다운 당신 동생이라고 합니까! 그러지 말고 나의 청혼을 받아 주십시오"라고 하자 그 여인은 "나는 당신의 청혼을 받아 줄 수가 없습니다. 당신은 나에게 거짓말을 하였습니다. 당신은 내가 가장 아름답다고 하고서 나의 말에 현혹되어서 뒤를 돌아보았습니다. 나는 당신과 같이 말과 행동이 다른 사람과는 결혼할 수 없습니다"라고 대답하고서 가던 길을 계속 걸어갔다.

– 인도 속담 중에서

1) 메시지 16

이야기의 젊은이가 결혼 허락을 받지 못한 것은 왜인가? 진정으로 그 여인과 결혼하기를 원했다면, 자신의 말이 진실이었다면 그 여자의 어떤 말에도 흔들리지 않았을 것이고 자신의 소원을 이룰 수 있었을 것이다. 자신의 삶을 살기 위해서는 목표와 비전에 집중하고 자신의 선택에 확신을 갖고 주변의 유혹에 흔들려서 자신이 하고자 하는 일에서 벗어나서는 안 된다. 유혹을 이기기란 쉬운 것이 아니다. 그래서 성공이 어려운 일인지도 모른다. 하지만 자신의 목표를 신중하게 생각해서 수립하고 그 목표가 달성될 때까지는 옆을 돌아봐서는 안 될 것이다. 인간이 아무리 뛰어난 능력을 갖고 있다 하더라도 사람은 한 번에 한 가지의 일에만 집중할 수 있다고 한다. 목표에서 벗어나는 것은 달성하고자 하는 목표가 진정으로 자신이 원하는 것이 아닐 때 또는 순간적인 판단으로 목표를 세우기 때문일 것이다. 더 나은 목표수립의 유혹에 빠져 지금 달성하고자 하는 목표를 놓쳐서는 안 된다.

영업전문가로서 고객과 상담할 때는 항상 상담의 목표를 명확하게 수립하여야 한다. 영업전문가의 최종적인 목표는 계약을 받는 것이다. 이 계약을 위해서는 거쳐야 하는 영업의 단계들이 있다. 고객을 수차례 방문하는 이유는 이러한 단계를 수행하기 위한 기회를 탐색하는 것과 고객의 약속을 받는 것이다. 이 목표에서 이탈해서는 안 된다. 그리고 영업전문가는 고객과 상담할 때 항상 같은 메시지로 일관성 있는 상담을 하여야 한다. 그때그때 하는 말이 다르고 어제의 약속이 지켜지지 않는다면 고객의 신뢰를 얻기는 어려울 것이다.

영업전문가는 자신이 하는 말에 책임을 져야 한다. 신중하게 메시지를 전하고 고객에게 약속을 하기 바란다. 테크닉 영업(임기응변으로 상황을 무마하는, 책임지지 못하는 약속을 하는 등)을 하지 마라. 고객이 가진 가장 큰 무기는 다른 회사와 거래를 하는 것이다. 고객의 신뢰를 얻는 데 최선을 다하여야 한다.

2) 행동

- 당신이 추구하다 중도에 그만두거나 방향을 바꾼 목표가 있는가?

____

- 만일 그 목표를 끝까지 추구하였다면 그 결과는 어떻게 되었을까?

____

- 다시 그 목표가 주어지면 어떻게 하겠는가?

____

- 오늘 집중할 목표는?

____

- 영업전문가로 고객의 신로를 어느 정도 받고 있는가?

____

– 고객의 신뢰를 잃어버린 경험은?

\# 언제: ____

\# 왜: ____

\# 결과: ____

– 무엇을 새롭게 해야 하는가?

____

⑰ 이야기 열일곱 – 프로가 돼라 / 스스로 성과를 관리 하라

미켈란·젤로가 어느 성당의 벽에 프레스코화를 그리고 있었다. 그는 천정 구석의 보이지 않는 부분의 그림을 완성하기 위해 누워서 힘들게 그림을 그리고 있었다. 그때 미켈란·젤로의 친구가 힘겹게 그림을 그리는 그의 모습을 보고 "여보게 그곳은 보이지 않는 곳이야. 그렇게 정성을 들이지 않고 대충 그려도 그것을 알아볼 사람이 없을 것이니 그만 그리고 내려오게"라고 말하였다 그때 미켈란젤로의 답은 "자네 말이 맞네. 그런데 그것을 내가 알고 있네"였다. 미켈란젤로의 일에 대한 사랑과 태도를 알 수 있는 이야기이다. 자신이 정한 목표의 완성수준과 자신의 원칙을 지키기 위해 자신의 힘을 모두 바칠 수 있는 태도와 열정을 가진 사람, 바로 프로가- 아니겠는가?

1) 메시지 17

당신은 당신이 하는 일에서 프로인가? 스스로 성과관리를 하고 채찍질을 하는가?

다른 누군가의 평가보다는 자신의 평가를 더 중요하게 여기는가? 스스로 정한 수준을 중요하게 여기는가? 당신은 일의 원칙과 가치관이 명확한가? 당신은 당신의 성과에 따라 보상이 결정이 되고 그 결과를 당연한 것으로 받아들이는가? 그렇다면 당신은 프로이다.

당신이 프로가 아니라면 다음의 질문에 답을 찾고 자신을 아마추어에서 프로로 만들어야 한다. 당신이 하는 일의 프로는 누구이고 그들은 어떤 기준을 가지고 있는가? 그들이 올리는 성과의 수준과 당신의 성과와의 차이는? 그들이 일하는 방법과 갖고 있는 능력과 장점은? 당신도 프로와 같은 성과를 올리고 싶은가? 그러기 위해서 무엇을 바꿔야 하고 새롭게 하여야 하는가? 어떤 능력을 갖추어야 하는가?

프로는 스스로 높은 수준의 성취를 목표로 설정하고 달성해 나간다. 그들은 실패를 두려워하지 않고 새로운 도전을 기꺼이 받아들이고 즐긴다. 스스로 세운 목표와 그 달성기준이 높을 때 일의 성취도도 높아진다. 대충 하는 태도는 절대로 가져서는 안 된다.

우리가 일반적으로 프로와 아마추어를 구분하는 기준은 성과와 그에 따른 보상이다. 물론 아마추어도 높은 성과를 올리지만 프로와는 다른 평가(보상)를 받는다. 모든 경쟁에는 승부가 있고 승자와 패자가 있다. 아마추어도 승리를 추구하지만 때로는 참가에 의의를 두기도 한다. 그러나 프로는 승리가 판단의 기준이 된다. 경기의 참가에 의의를 둔 프로는 없다. 만일 그러한 프로가 있다면 그는 진정한 프로가 아니고 팬들로부터 프로로서의 대우를 받지 못할 것이다.

비즈니스를 하는 당신도 프로와 같은 태도와 마인드로 업무에 임해야 한다. 대충 하는 비즈니스 맨, 대충 하는 영업전문가에게는 우수한 성과가 요원해진다. 자신의 비전 달성을 위해서도 프로가 되기 바란다.

2) 프로와 아마추어의 차이 (인터넷에서 발췌)

(1) 프로는 불을 피우고, 아마추어는 불을 쬔다.

(2) 프로는 자신이 한 일에 대해 책임을 지지만, 아마추어는 책임을 회피하는 데 급급하다.

(3) 프로는 기회가 오면 우선 잡고 보지만, 아마추어는 생각만 하다 기회를 놓친다.

(4) 프로는 돌다리도 두드리고 건너지만, 아마추어는 두드리고도 안 건넌다.

(5) 프로는 자신의 일에 목숨을 걸지만 아마추어는 자신 일에 변명을 건다.

(6) 프로는 여행가이고, 아마추어는 관광객이다.

(7) 프로는 남의 말을 잘 들어주고, 아마추어는 자기 이야기만 한다.

(8) 프로의 하루는 25시간이지만, 아마추어의 하루는 24시간뿐이다.

(9) 프로는 뚜렷한 목표가 있지만, 아마추어는 목표가 없다.

(10) 프로는 행동을 보여 주고, 아마추어는 말로 보여 준다.

(11) 프로는 너도 살고 나도 살자고 하지만, 아마추어는 너 죽고 나 죽자고 한다.

(12) 프로는 자신에게는 엄하그 남에게는 후하지만, 아마추어는 자신에게 후하고 남에게 엄하다.

(13) 프로는 놀 때 최고로 놀지만, 아마추어는 놀 줄 모른다.

(14) 프로는 리더(Leader)고, 아마추어는 관리자(Manager)다

(15) 프로는 평생 공부를 하지만, 아마추어는 한때 공부를 한다.

(16) 프로는 결과와 과정을 모두 중시하지만, 아마추어는 결과
에 집착한다.

(17) 프로는 독서량을 자랑하지만, 아마추어는 주량을 자랑한다.

(18) 프로는 강자에게 강하고, 아마추어는 약자에게 강하다.

(19) 프로는 사람을 소중히 하고, 아마추어는 돈을 소중히 한다.

(20) 프로는 사람이 우선이고, 아마추어는 일이 우선이다.

(21) 프로는 길게 내다보고, 아마추어는 눈앞의 것만 본다.

(22) 프로는 해보겠다고 하지만, 아마추어는 안 된다고 한다.

(23) 프로는 시간을 관리하고, 아마추어는 시간에 끌려 다닌다.

(24) 프로는 구름 위에 뜬 태양을 보고, 아마추어는 구름 위의
비를 본다.

(25) 프로는 지는 것을 두려워하지 않고, 아마추어는 이기는 것
도 걱정한다.

(26) 프로는 번영 의식이 있지만, 아마추어는 편한 의식이 있다.

(27) 프로는 "난 꼭 할 거야"라고 말하지만, 아마추어는 "난 하
고 싶었어"라고 말한다.

(28) 프로는 메모를 하고, 아마추어는 듣기만 한다.

(29) 프로는 '지금 당장'을 좋아하지만, 아마추어는 '나중에'를
좋아한다.

3) 행동

- 당신이 하는 분야의 프로는 누구인가?

- 그의 태도와 장점은

- 프로가 되기 위한 당신의 장점은?

- 프로가 되기 위해 당신이 배워야 하거나 새롭게 할 것은?

- 프로가 되고 인정받기 위해 달성할 성과는?

- 오늘 프로로서 당신이 실천할 것은?

- 당신이 프로가 되었을 때 얻을 수 있는 보상은?

제 1 장 영업의 이해

18 이야기 열여덟 – 좋은 메시지를 전하라

"초등학교 1학년을 다니는 아들(가명 철수)을 둔 젊은 부부가 어느 날 학교 선생님으로부터 면담을 요청받았다. 학교로 가 선생님과 면담을 하던 중 젊은 부부가 '왜 면담을 요청하셨습니까?'라고 묻자 선생님은 '철수가 집에서는 어떻게 생활을 합니까?'라고 되물었다. '철수는 집에서 아무런 문제가 없습니다. 말도 잘 듣고 말썽도 일으키지 않습니다'라고 대답한 후 젊은 부부는 의아스럽게 선생님을 바라보았다. 그러자 선생님은 '철수가 너무 공부에 집중을 하지 못하고, 수업시간에 떠들며, 심지어는 친구들의 공부를 방해해서 며칠 전 불러 '철수너 왜 그러니?'라고 묻자 철수가 '선생님. 저는 바보예요!'라고 대답하여서 '누가 그렇게 말하는데?'라고 되묻자 '우리 엄마. 아빠가요!'라는 대답을 하는 것이었습니다. '어떻게 된 것입니까?'라는 선생님의 대답에 그 젊은 부부는 깜짝 놀라면서 자신들의 이야기를 하였다. 사실 철수가 어릴 때부터 '바보'라는 말을 무의식적으로 사용하였다는 것이었다." 그 결과 철수는 자신의 행동을 보통 아이들과 다르게 하는 것을 당연히 받아들이고 주변 사람들의 반응 또한 당연한 것으로 받아들인 것이다. 당신은 이 이야기를 읽고 어떤 생각이 드는가?

– 한 수강생의 경험담

1) 메시지 18

사람들은 자신이 생각하는 것보다 주변의 메시지에 매우 민감하고 큰 영향을 받는다. 때로는 주변 사람들로부터 받는 메시지와 그들이 내린 자신에 대한 평가를 그대로 받아들이고, 심지어는 그러한 평가를 받는 것을 당연한 것으로 생각한다는 것이다. 철수의 경우 어릴 때 부모로부터 각인된 메시지가 자신은 바보라는 것이었다. 따라서 이 메시지를 각인한 철수는 바보 같은 행동을 해야 자신이 자신을 볼 때 지극히 정상인 것이다. 철수는 그 누구의 평가보다도 더 민감하게 부모의 메시지를 받아들였을 것이다. 물론 자신이 원하는 메시지인지 아닌지를 판단하지 못하였겠지만….

또 모든 아이들이 철수와 같이 메시지를 동일하게 받아들이지는 않는다. 철수보다 더 말을 안 듣는 아이도 있을 것이다. 그들은 그 메시지를 무시하거나 자신의 성장을 위한 자극으로 받아들이기도 한다. 따라서 그들에게는 그 메시지가 중요한 삶의 지침이 되기도 한다. 문제는 철수가 그러한 말과 반응을 받을 때의 심리상태가 그 메시지를 자신과 동일시하였다는 것이다.

조직구성원으로서 다른 사람과 함께 일하는 사람들은 자신들이 받기 원하는 것만큼이나 함께 일하는 동료 또는 후배들 또한 그러한 인정을 받기를 간절히 원한다는 것을 알아야 한다. 그리고 그들이 당신의 긍정적인 피드백과 영향력으로 더욱 성장하면 그 이익을 함께 누릴 수도 있다. 대부분의 사람들은 비난이나 질책을 인정과 칭찬의 힘보다 더 큰 영향력이 있다고 믿는다. 맞을 수도 있다. 기억할 것은 부정적인 메시지가 부정적인 행동과 태도를 자극할 수도 있다는 것이다. 이와 마찬가지로 긍정적인 메시지 또한 그러한 행동과 태도를 불러온다. 그리고 그 효과도 훨씬 크고 오래 간다. 우리의 위치가 어디에 있든 우리는 늘 우리의 말과 행동으로 타인에게 영향력을 발휘한다.

우리 주변의 사람들은 우리의 영향력으로 성장하고 발전한다. 우리도 마찬가지이다. 당신이 좋은 인간관계와 조직에서 더 큰 힘—영향력, 타인이 당신을 좋아하고 믿음을 가지는—을 가지기 원한다면 항상 긍정적인 메시지를 전하도록 하라. 가족에게든, 동료에게든, 상사에게든….

영업전문가는 자신의 인간적인 매력을 고객에게 시험받기도 한다. 고객은 인간성이 풍부하고 전문지식을 갖춘 영업전문가를 원한다. 어떠한 상황에서든, 어떠한 것에 대해서든 고객과 대화를 할 때는 불평/불만, 짜증이 담긴 메시지는 금지하라. 항상 긍정적인 메시지, 밝은 표현, 힘을 주는 메시지를 전하도록 하라. 회사의 조치, 규정에 대해서도, 자신의 영업권한에 대해서도, 경쟁사에 대해서도, 고객의 경쟁사에 대해서도 절대로 부정적인 메시지를 전해서는 안 된다. 고객의 거절, 거부, 저항에 대해서도 마찬가지이다.

지금 당신의 표정을 보고 머릿속에 떠오르는 메시지의 내용을 보라. 그 메시지가 다른 사람에게 어떤 영향을 줄 것인가를…. 그리고 당신이 가진 메시지와 동일한 메시지를 당신 앞의 누군가가 당신에게 전한다고 생각해 보라. 그러면 당신이 어떠한 메시지를 전해야 하는지를 알게 될 것이다.

2) 행동

- 자신에 대한 이미지를 표현해 보라. 당신은 어떤 사람인가?

____

- 현재 당신의 이미지를 만들게 된 계기가 있는가?

____

\# 있다면 언제 누구로부터 어떤 메시지인가(당신이 들은 최고
의 메시지)?

____

- 당신은 주변 사람들에게 어떤 메시지를 주로 전달하는가?

____

- 그들은 그 메시지에 어떤 반응을 보이는가?

____

- 그들과 함께 오랫동안 관계를 유지하기 위해서 어떤 메시지
를 전할 필요가 있는가?

____

- 그들이 당신을 기꺼이 받아들이게 하기 위해 어떤 메시지를 전하면 좋을까?

- 당신이 만나는 고객은 당신을 어떤 영업전문가로 기억할 것 같은가?

- 당신의 고객이 일 외적인 이유로 당신을 만난다면 왜일까?

⑲ 이야기 열아홉 – 최고의 모습을 기대하라

그리스 신화 중에 다음과 같은 이야기가 있다.

"피그말리온은 원래 신화에 나오는 아프로디테 여신상을 사랑한 키프로스의 왕이었으나 이야기에서는 조각가로 등장한다. 피그말리온은 여자들의 결점을 너무 많이 보았기 때문에 여성을 혐오하게 되어 한평생을 혼자 지내기로 결심하였다. 그래서 스스로 아름다운 여인을 상아로 조각했는데, 겉모양이 마치 살아 있는 처녀인 양 자연스러웠다. 그는 그 조각을 어루만지고 보듬으면서 사랑했다. 조각으로 된 여인에게 갖가지 꽃과 구슬, 새들을 선물하기도 했다. 조각에다 옷을 입히고, 손가락에는 보석을 끼우고, 목에는 목걸이를 걸어 주었다. 그녀를 아내라 부르며 온갖 정성을 다 바쳤다. 어느 날 아프로디테의 제전에서 일을 마친 다음, 피그말리온은 신들에게 상아 처녀와 같은 여인을 아내로 점지해 달라고 기원했다. 아프로디테는 그 조각에 대한 사랑에 감복해 마침내 그의 소원을 들어주었다. 집에 돌아온 피그말리온이 살아 있는 듯한 조각의 입술에 입을 맞추자, 처녀의 입이 붉어지면서 온몸에 생기가 돌았다. 이후 그들은 파포스라는 자식을 낳고 행복하게 살았다."

1) 메시지 19

이 신화가 의미하는 것은 자신이 간절하게 원하는 것은 이루어진다는 것이다. 자신의 삶을 어떻게 만들기를 원하고 자신이 어떠한 사람이 되기를 원하는가에 따라 그렇게 삶과 자신이 만들어진

다. 일에서 어떤 성과를 올리고 싶은지 간절하게 원하면 그 성과
가 달성될 수 있다는 것을 의미한다. 사회학에서 말하는 '낙인 효
과'와도 같다. 우리가 어떤 사람을 보고 그를 '전과자 혹은 정신병
자'라고 그 사람을 낙인찍으면 그 낙인이 그 사람의 행동에도 영
향을 미쳐 그러한 사람이 된다는 것이다.

스스로가 생각하는 자신의 모습은 더 강력한 영향을 미친다. 더
나은 삶을 원한다면 자기 이미지를 바꾸도록 하라. 지금까지의 자
신에서 미래의 이상적인 모습을 그리고 그 모습이 달성된 것을 상
상하도록 하라. 항상 최고의 모습을 기대하는 것이 중요하다. 힘
든 상황에 처해 있더라도 그 상황을 극복한 자신의 모습을 상상하
도록 하라. 긍정적이고 적극적인 태도와 시각으로 모든 일과 상황
을 보도록 하라.

특히 영업전문가에는 반드시 그리고 절대적으로 갖춰야 하는
내면의 힘이다. 고객으로부터 또는 조직의 상사로부터 받는 모든
메시지, 힘들고 부정적인 상황을 이겨내기 위해서는 내면의 강력
한 에너지가 필요하다.

2) 긍정적인 힘을 갖기 위한 방법

- 당신의 건강에 대해 자신을 가져라. 건강한 몸에서 건강한
  생각이 나온다. 당신이 건강에 대해 자신이 없다면 지금 당
  장 건강증진을 위한 계획을 세우고 건강한 자신의 모습을

상상하도록 하라.

- 당신이 하고 있는 일 또는 업계의 성장과 발전에 관한 뉴스
  와 자료를 보고 들어라. 일에 대한 기대를 갖기 위해서는 일
  의 흐름과 미래에 대한 통찰력이 중요하다. 그 속에서 성과
  를 올릴 수 있는 기회를 발견하도록 하라. 기대가 클수록 반
  드시 해야 하는 준비이다. 그리고 그 기대가 하나씩 채워질
  때 그 일에 더 몰입할 수 있고 그런 일을 하는 자신이 좋아
  질 것이다.

- 당신이 하는 일의 가치를 생각하고 그 가치를 창출하도록
  하라. 이 가치는 당신만이 창출할 수 있을 것이다. 그런 가
  치를 제공받아 즐거워하는 사람들을 떠올려라. 또한 그 가
  치를 제공받지 못한 다른 사람들을 생각하고 그들도 그 가
  치를 공유하도록 노력하는 자신의 모습을 떠올려라. 그들이
  당신에게 감사하는 모습과 그것에 기뻐하는 자신의 모습을
  상상하라.

- 주위에 긍정적인 생각과 태도를 가진 친구를 두어라. 그들의
  영향력으로 당신은 더욱더 긍정적인 사람이 될 것이다.

- 당신의 삶에서 항상 긍정적인 교훈을 찾으라. 교훈은 우리를
  더욱 성장시키는 지혜를 준다. 당신이 성공을 하든 실패를
  하든 그 경험에 포함된 긍정적인 교훈을 찾도록 하라.

- 당신의 목표를 수립하고 그 달성의 이익을 그려 보라. 목표
  의 달성은 당신의 삶을 더욱 충실하게 만들어 주며, 당신의

긍정적인 마인드와 태도에 대한 훌륭한 보상이다.

- 자신의 단점보다는 장점에 집중하라. 당신이 집중하는 대로 당신은 바뀌어 간다. 당신이 가진 단점은 효과적으로 관리하고, 당신이 가진 장점을 극대화하는 데 당신의 노력을 집중하라.

- 항상 당신의 생각을 행복과 희망 그리고 용기에 대한 생각으로 가득 채워라. 매일을 행복하고 즐겁게 보낼 수 있는 방법이다. 그리고 새로운 도전을 위한 에너지를 충전할 수 있을 것이다.

- 곤란과 어려움보다는 당신이 받은 축복을 생각하라. 지금의 상황이 아무리 어려워도 새로운 힘과 용기를 얻을 수 있을 것이다. 누구나 곤란보다는 누리고 있는 축복이 많다. 단지 그 축복을 생각하지 않기 때문에 불행하다고 생각한다.

- 다른 사람의 성취를 비교하지 말고 자신의 내적인 기준을 중심으로 살아라. 당신이 아무리 노력을 해도 당신은 당신 외 그 누군가가 될 수는 없다. 제2의 누군가는 될 수 있어도…. 당신이 가진 내적 기준으로 삶을 살고 다른 사람들로부터 배움을 가질 때 제1의 당신이 될 수 있다.

- 언제나 긍정적인 언어를 사용하라. 긍정적인 언어는 당신의 이미지를 그렇게 만들어 준다. 당신의 삶에 대한 열정을 한 단계 올릴 수 있는 언어를 찾고, 기회가 있을 때마다 그 언어를 사용하라.

- 다른 사람을 행복하게 해 주어라. 그렇게 하기 위해서는 먼

저 당신이 행복해야 한다. 행복은 당신이 찾고, 만들고, 느껴지는 것이다. 행복한 당신이 모습은 당신이 다른 사람들에게 줄 수 있는 최고의 선물이 될 것이다. 그리고 그들은 똑같은 행복한 메시지로 반응으로 당신에게 보답할 것이다.

— 행복해지기를 원한다면 당신이 베풀어 준 것에 대해 그들의 보상을 기대하지 마라. 보상을 기대하는 것은 실망을 부르게 된다. 보상을 기대함은 당신이 베푼 친절의 가치를 반감시킨다. 당신이 베풀어 준 것에 만족하라. 그들이 보상(물질적인 보상이든, 정신적인 보상이든)할 수 없음에 안타까운 마음을 가져라. 그러한 스스로의 모습이 당신을 더욱 행복하게 해 줄 것이다.

㉟ 이야기 스물 – 자신을 알라

"어느 숲에서 나무들이 모여 회의를 했다. 그 결과로는 나무들의 왕 선출을 해서 자연 속에서 나무들의 입장을 주장하고, 나무들 간의 분쟁을 해결하는 권한을 주기로 하였다. 이를 실행하기 위해 회의에 참석한 몇몇 나무들이 대표가 되어 다른 나무들을 찾아갔다. 첫 번째 올리브나무를 찾아가 '당신이 나무들의 왕이 되어 주십시오'라고 요청하였다. 그러자 올리브나무는 한참을 생각한 후 '나는 그 제안을 받아들일 수 없습니다. 왜냐하면 내가 나무의 왕이 되면 너무 바빠 사람들이 좋아하는 기름을 만들 수가 없기 때문입니다'라고 했다. 두 번째는 무화과나무를 찾아가서 똑같은 요청을 하였다. 그러자 무화과나무도 '당신들의 제안이 매력적이기는 하지만 나는 그 제안을 받아들일 수 없습니다. 왜냐하면 사람들이 좋아하는 열매를 맺을 수 없기 때문입니다.' 세 번째는 포도나무를 찾아가서 요청을 하지 포도나무 또한 '사람들이 좋아하는 포도송이를 맺을 수 없기 때문에 그 제안을 받아들일 수 없다'고 했다. 마지막으로 가시덤불을 찾아가서 요청을 하자 '좋습니다. 내가 나무의 왕이 되겠소! 자! 이제 내 그늘 속으로 들어오시오'라고 했다."

1) 메시지 20

사람은 누구나 자신만의 가치가 있고 자신만이 남길 수 있는 삶의 흔적이 있다. 그 가치에 따라서 역할이 주어지게 되고 기대를 받게 된다. 따라서 내가 지금 지고 있는 역할과 받고 있는 기대가 크다는 것은 그만큼 내가 가치가 있고 능력이 있다는 것을 의미한다. 만일 당신이 이 짐이 무거워서 벗어 버린다면 어떻게 될까? 가벼워진 어깨만큼 당신의 가치도 가벼워진다는 것을 명심하라. 그리고 그 역할과 기대들을 하나씩 완성할 때 삶의 보람과 가치 있는 흔적을 남기게 된다.

스스로를 존재하게 하는 것(일이든, 역할이든)을 포기해서는 안 된다. 그리고 스스로가 가진 능력으로 주변에 보여 주는 성과에 따라 존재가치가 결정이 된다. 쓸모없는 것은 아무것도 없다. 모든 사물은 그 자체로서 존재감이 있다. 올리브나무는 올리브기름으로, 무화과나무는 무화과 열매로, 포도나무는 포도송이로, 가시덤불은 덤불이 주는 그늘로 그 존재감이 있는 것이다.

또한 자신의 능력으로 할 수 없는 것을 하고자 해서는 안 된다. 주어진 사명을 벗어나 다른 사명을 좇아서도 안 된다. 지금 하는 일이 당신에게 주어진 사명이다. 그 일의 가치를 극대화되게 만드는 것이 당신의 역할이고 당신의 존재가치를 결정할 것이다. 지금 하는 일에서 최선을 다하라. 지금 몸담고 있는 조직에서 없어서는 안 되는 인재가 돼라. 그렇지 않으면 더 좋은 기회는 오지 않는다. 속담에 "집에서 새는 바가지 밖에서도 샌다"라는 것이 있다. 무서운 말이다. 지금의 습관이 그대로 간다는 것이다. 지금 하는 일을 대충 하고 지금 조직에서 있어도 그만 없어도 그만인 존재는 다른 어떤 일을 하든 어떤 조직에 가든 마찬가지이다. 그런데 그런 존재는 다른 데 갈 수도 없다. 기회는 있지만 그것은 그 사람 것이 아니다.

2) 행동

– 당신의 역할은?
가정

____

사회

____

조직

____

– 그 역할에서 받는 기대는?
가정

____

사회

____

조직

____

– 기대를 완성하기 위해 할 일
가정

____

사회

____

조직

____

㉑ 이야기 스물하나 – 강점에 집중하라

친구 2명이 산길을 걷는 도중 산신령을 만났다. 산신령은 이 두 사람에게 같은 크기의 옥을 주면서 "3년간 최대한 옥을 잘 관리해서 가치를 올려 보라"고 했다. 두 사람은 각각 옥을 가지고 집으로 갔다.

3년 후 다시 그 두 사람에게 산신령이 나타나 옥을 어떻게 관리하였는지 두 사람에게 옥을 가져오라고 했다. 그런데 한 사람은 처음의 옥보다 훨씬 작은 옥을 가져왔다. "어떻게 된 일이냐?"라는 산신령의 질문에 "처음에 옥을 받고서 자세히 살펴보니 옥에 티가 있었습니다. 이 티를 없애야 옥의 가치가 올라갈 것 같아서 매일 티를 없애려고 옥을 갈았더니 이렇게 작아졌습니다"라고 대답하였다. 그리고 두 번째 사람이 가져온 옥을 보니 처음 줄 때보다 훨씬 커지고 빛나는 것이었습니다. 깜짝 놀란 산신령이 "어떻게 된 일이냐?"고 묻자 두 번째 사람은 "저도 옥을 처음 받았을 때 옥에 난 티를 보고는 걱정이 되었습니다. 그러나 옥을 자세히 보니 티보다는 깨끗한 부분이 훨씬 많다는 것을 발견하고는 이 깨끗한 부분을 더 많이 만들면 옥의 가치를 올릴 수 있을 것이라 생각하고는 옥에 맞는 좌대를 만들어서 햇볕이 잘 비추는 곳에 두고 매일 옥을 돌리면서 골고루 햇볕이 비추게 하고 닦아 주었습니다. 그랬더니 옥이 더욱 빛나게 되고 처음에 보였던 티도 점점 작아지는 것이었습니다"라고 대답했다.

1) 메시지 21

우리는 누구나 존재 자체로서 가치 있는 사람들이다. 그리고 살아가면서 그 가치를 올리기 위해 끊임없이 노력한다. 사람들이 자신의 발전과 성장을 위해 자신에게 투자할 때 어떤 시각을 가지고 있는가가 중요하다. 위의 이야기에서처럼 사람에게는 누구나 옥에 티 같은 단점이 있다. 대부분의 사람들은 아마도 이 단점을 없애거나 줄이는 데 더 큰 관심과 투자를 한다. 올바른 시각일 수도 있다. 단점이 줄어들고 단점으로 인하여 발생할 실수를 줄인다면 가치는 올라갈 것이니까. 그리고 자신의 장점을 위해서는 별로 투자를 하지 않는다. 이는 그 장점이 오랫동안 지속되고 다른 사람에 대해 경쟁우위를 유지할 것이라고 생각하기 때문이다.

이제는 이러한 시각을 바꾸어야 한다. 옥에 티를 없애기 위해 옥의 맑은 부분을 갈면 갈수록 옥은 작아지고 나중에는 갈 수조차 없을 정도로 작아질 것이기 때문이다. 옥의 가치를 결정하는 맑은 부분조차 사라지게 된다. 우리는 우리가 가진 장점의 계발과 극대화에 투자해야 한다. 똑같은 비용을 갖고 자신의 장점 강화와 단점 보완 중 하나에 투자한다고 생각해 보자. 그 결과는 어떻게 나올 것인가? 그리고 어느 쪽이 자신의 가치를 올리는 데 유리한 성과를 가져오겠는가? 장점에 투자하는 것이 훨씬 효과가 높다는 것을 알아야 한다.

우리가 단점에 더 많은 투자를 하는 것은 그러한 단점으로 인해 손해를 보거나 다른 사람들로부터 비난을 받았기 때문일 것이다. 그러한 손해와 비난을 다시 받기 싫으니까! 그러면 왜 장점의 강화에는 투자하지 않는 것일까? 이유는 자신에게 그러한 장점이 있는지를 모를 경우와 자신의 목표달성, 발전의 원인이 그 장점

때문인지를 모르기 때문에 그리고 다른 사람들로부터 그 인정받은 경험이 적거나 없기 때문이다. 그리고 그러한 장점을 당연한 것으로 받아들이기 때문이다.

물론 단점을 보완하고 약화시켜 그 단점이 자신의 일상생활에 나타나지 않게 함은 가치 있는 일이다. 여기서 우리가 가진 생각을 바꿀 필요가 있다. 한 분야에서 최고의 자리에 있는 프로들을 보라. 그들은 우리가 생각하는 것보다 훨씬 많은 단점들을 가지고 있을 것이다. 음악에서 천재성을 보이는 음악가가 사회적인 예의를 지키지 않을 경우에도 우리는 그 사람의 예의 바르지 못함을 포용해 준다. 만일 그 음악가가 음악실력의 향상보다 자신에게 부족한 사회적 예의를 갖추는 데 시간을 더 투자한다면 그의 실력은 그 자리에 머물러 있게 되고 사람들의 인정은 점점 줄어들거나 사라졌을 것이다. 그 음악가가 음악에서 탁월한 능력을 발휘하고 많은 사람들로부터 인정과 존경을 받는 것은 그 사람이 자신의 장점인 음악실력 강화에 집중해 왔기 때문이다. 그 결과 탁월한 능력을 유지하고 계속 성장할 수 있기 때문에… 이러한 사례는 주변에 많이 있다. 상대성 원리를 개발한 물리학자인 아인슈타인은 공간감각이 부족하였다고 한다. 입체파 화가인 피카소는 숫자적인 감각이 부족하였다고 한다. 그들은 우리의 삶에 엄청난 변화를 주었다. 그리고 우리는 그들을 천재로 기억한다. 왜냐고? 그들은 그들의 장점에 집중하였기 때문이다

자신이 가진 장점과 단점을 파악하라. 특히 자신의 가치를 빛나

게 하는 장점을 자세히 파악하고, 자신의 가치를 떨어뜨리는 단점을 파악하라. 그리고 장점을 강화하는 전략을 세우고 단점을 약화하고 단점의 실수를 덮을 수 있는 전략을 세워라. 즉, 장점을 지속적으로 개발하기 위한 투자를 하라. 또한 자신의 단점이 나타나지 않도록 관리하라. 자신이 시간관리가 약하면 자신에게 맞는 스케줄 관리를 하는 다이어리를 구입해 활용하라. 자신의 단점을 극복하고 보완해 줄 수 있는 기술을 익히고 사람들과 좋은 관계를 맺도록 노력하라.

우리를 빛나게 하는 것은 단점이 아니라 장점이다. 이 장점을 지속적으로 개발하도록 하라. 장점의 성과가 탁월하다면 그 효과로 인해 단점은 별로 문제가 되지 않을 수도 있으니까.

영업전문가로서 당신도 당신의 강점을 또 하나의 영업 능력으로 활용할 수 있다. 다른 영업전문가가 갖추지 못한 능력, 지식, 기술을 쌓도록 하라. 자신의 장점을 최대한 활용하도록 하라.

2) 행동

– 당신을 다른 사람과 차별이 되게 하는 장점은?

____

– 당신만이 할 수 있는 일은?

____

- 당신의 장점을 잘 활용할 수 있는 기회는?

- 당신의 장점을 더욱 키우기 위해 필요한 것은?

- 당신의 단점은(일을 하는 데 있어)?

- 그 단점을 관리하기 위한 방법은?

- 당신의 단점을 장점으로 가지고 있는 사람을 찾아서 그 사
  람의 방법을 배우고 당신의 단점을 약화 또는 관리하라.

제
1
장

영
업
의
이
해

●

227

22 이야기 스물둘 – 함께 일하는 법을 배워라

심장바이패스와 같은 심장개복 수술을 하는 데는 열두 명 이상의 고도로 훈련된 의료진이 필요하다. 이런 의료진은 페욜의 '기능적 조직'의 순수하고도 진정 극단적인 예로서, 각 구성원 – 책임외과의사, 두 명의 보조 외과의사, 마취과의사, 환자의 수술 준비를 돕는 두 명의 간호사, 수술을 보조하는 세 명의 간호사, 회복실과 집중치료 분야를 맡는 2~3명의 간호사와 레지던트, 심폐기를 다루는 호흡기관 전문기사, 3~4명의 전자장치 전문기사 등 – 은 단 하나의 과업만을 수행하며, 다른 어떤 과업에도 손대지 않는다. 그런데도 이런 의료진은 자신들을 팀처럼 간주한다. – 뿐만 아니라 병원의 다른 사람들의 눈에도 팀처럼 보인다. 이 의료진은 구성원 각자가 수술의 리듬, 진행, 그리고 단계별로 발생하는 극히 사소한 변화에 대응해 – 누구도 명령을 내리지 않고 아무런 말도 하지 않지만 즉각 – 자신의 역할을 변화시키는 진정한 하나의 팀이다.

1) 메시지 22

우리가 원하는 미래를 만들기 위해서 우리에게는 자신이 가진 능력과 다른 사람이 가진 능력의 조화와 협력이 필요하다. 이것이 인간이 사회생활을 하고 조직을 만들어 일을 하는 이유인 것이다. 다른 사람의 협력을 이끌어 내지 못하고 혼자의 힘만으로 이룰 수 있는 성과는 제한되어 있다. 개인의 능력이 아무리 뛰어나더라도 그 사람이 가진 능력이 만들어 낸 비전이나 계획을 실현하는 데

도와줄 사람이 없다면 그 사람이 올릴 수 있는 성과는 한정될 것이면
것이다. 협력과 팀으로 일하는 것이 더 큰 성과를 올리는 이유가
여기에 있다. 그래서 리더가 있으면 그 리더를 추종해서 성과를
올리는 추종자가 있어야 한다.

"당신이 아무리 리더라고 외치더라도 당신을 따르는 사람이 아
무도 없다면 당신은 리더가 아니고, 비록 당신이 '나는 리더가 아
니다'라고 외치더라도 당신을 따르는 추종자가 있으면 당신은 리
더이다." 결국은 인간 사이의 믿음과 서로의 성장을 지원하고 기
회를 주는 관계, 협력해 더 나은 성과를 달성하는 관계가 필요하
다는 것이다.

자신의 삶을 주도적으로 살아가는 셀프 리더에게도 다른 사람
의 지원과 협력은 절대적으로 요구되는 요소이다. 셀프 리더라고
해서 혼자서 인생을 살아가고 모든 일을 혼자서 하는 사람을 의미
하지는 않는다. 설령 그런 사람이 있다면 그는 고독한 사람이 될
것이고, 숲 속에서 은둔생활을 하는 등 자신의 비전 중 극히 작은
부분만을 달성하게 될 것이다. 당신은 혼자의 힘만으로 무엇인가
를 달성한 경험이 있는가? 만일 있다면 그 일을 하는 데 다른 사
람의 도움이 있었다면 똑같은 결과가 나왔을까? 더 좋은 결과가
나오지 않았을까? 그때 왜 당신은 그 일을 혼자서 했는가? 이유는
여러 가지가 있을 것이다. 중요한 것은 당신이 자신의 비전을 이
루는 데 혼자의 힘으로는 한계가 있음을 인식하는 것이다.

진정한 셀프 리더는 자신의 비전과 꿈에 다른 사람의 지원과

협력을 이끌어 내는 능력을 가진 사람이다. 여기서 우리가 아주 중요하게 고려해야 할 것은 셀프 리더의 비전 달성에 협력한 사람들이 일방적으로 희생되어서는 안 된다는 것이다. 다른 사람의 희생에 의해 달성된 셀프 리더의 비전은 그 가치가 반감된다. 그러한 사람은 셀프 리더십을 가질 자격조차 없는 사람이다.

사업에서 큰 성공을 이룬 사람들의 이야기를 들어보면 자신의 가족 또는 이웃, 자신의 건강이라는 희생을 치르고 성공한 사람들이 많다. 이들은 자신이 이룩한 성공의 이면에 있는 텅 빈 공간을 발견하고는 자신의 삶과 성취의 가치를 되돌아보게 된다. 자신의 삶이 소중하고 가치가 있듯이 다른 사람의 삶도(비록 가족이라 하더라도) 그만큼 소중하고 가치가 있다는 사실을 잊어서는 안 된다. 누가 자신의 삶을 희생하고서 다른 사람의 삶을 성공시키려 하겠는가? 희생과 협력은 전혀 다른 개념이다.

자신의 성공에 관련된 다른 모든 사람들 또한 성공하도록 만들어야 진정한 인간관계를 구축한 셀프 리더가 된다.

모든 기계에 저마다의 사용법이 있듯이 사람을 움직일 때도 그 사람에 맞는 방식이 있다. 핵심은 그를 움직이는 지렛대를 찾아내는 것이다. 과연 이 지렛대는 무엇일까? 우리는 이것을 동기요인이라고 한다. 사람은 누구나 마음속에 자신을 행동하게 하는 욕구를 갖고 있다. 꿈이라고도 하고 비전, 목표라고도 한다. 매슬로라는 심리학자는 인간이 가진 욕구를 5가지―생리적 욕구, 안전욕구, 사회적 욕구, 존경받고 싶은 욕구, 자아실현의 욕구―로 설명하고 있다. 이 욕구들은 누구나 다 갖고 있는 것이고 사람에 따라 욕구의 중요도와 우선순위가 다르다. 자신에게 소중한 욕구가 다른 사람에게도 소중하다는 사실을 인정할 때 다른 사람들과의 인간관계뿐 아니라 협력을 이끌어 내는 힘을 갖고 서로의 성장에 도움을 주는 관계로 만들 수 있다.

이 글을 읽으면서 당신이 셀프 리더가 되어 자신의 삶을 멋지게 만들고 싶듯이 다른 사람들 **또**한 그러한 욕구를 갖고 있다. 따라서 그들에게 그들의 삶을 당신의 비전을 위해 희생하라고 하면 그들은 당신에게서 멀어질 것이다. 왜냐하면 당신 또한 상대의 그러한 요구를 수용하지 않을 것이기 때문이다. 그렇다면 어떻게 서로의 꿈을 이루는 데 필요한 사람이 되고 성장을 기대할 수 있는 관계를 맺을 수 있을 것인가?

당신에게 가장 중요한 인생의 파트너는 가족이다. 가족과 함께 성공하고 행복한 삶을 만드는 방법을 몇 가지 알아보도록 하자.

2) 서로의 성장을 돕는 강한 가족을 만들기 위한 방법

(1) 서로에게 감사한 마음을 표현하라

상호 지지하는 환경을 만들어라. 서로에게 감사하는 마음은 가족 구성원 개개인을 더 존중하고 인정해 주는 것이다. 가족의 사랑, 배려, 관심, 희생에 늘 감사하도록 하고 그것을 표현하라.

(2) 함께하는 시간을 삶의 스케줄 속에 넣어라

당신의 하루 또는 일주일, 한 달, 일 년의 시간계획 속에 가족과 함께하는 이벤트를 넣어라. 그리고 다른 가족들에게도 각자의 인생계획 속에 가족이라는 요소를 반드시 넣으라고 설득하라. 또한 서로의 일이 바빠서 많은 시간을 함께할 수 없다면 함께하는 시간의 질을 높여야 한다. 매일의 의미 없는 한 시간보다는 의미 있는 대화가 오가는 일주일의 한 시간이 더 가치 있는 시간이다.

(3) 위기를 긍정적인 방법으로 해결하라

가족 간의 의견대립이나 충돌 그리고 갈등이 있을 때는 가족의 유대를 더욱 강화하는 기회라고 생각하고 긍정적인 마음으로 해결하는 노력이 필요하다. 아무리 가족이라고 하지만 서로에게는 시각 차이, 견해 차이가 있다. 그리고 이러한 차이가 문제를 일으키지만 문제의 효과적인 해결에도 도움이 된다. 지혜로운, 모두가 참여한 위기극복과 문제해결은 가족 간의 친밀감을 더 크게 한다.

(4) 지속적인 대화를 하라

가족과 대화기회(장소, 계기)를 만들어라. 가족의 작은 이벤트를 만들어서 그때 깊은 대화를 나누도록 하라. 먼저 듣는 사람이 되라. 듣는 것이 대화의 가장 큰 선물이다. 대화는 서로에 대한 이해의 폭을 넓혀 준다.

(5) 대화기술을 익혀라

아무리 친근한 가족이더라도 대화에는 매우 신중해야 한다. 함부로 말을 해서는 안 된다. 서로를 존중하는 마음으로 대화하라. 그리고 다른 가족의 말을 경청하라. 서로의 관점을 이해하라. 정직하게 대화하고 투명하게 하라.

(6) 대화킬러를 통제하라

당신 가족의 대화를 방해하는 것을 무엇이든 없애라. 특히 TV는 대화의 절대적인 킬러이다. 가족과 진지한 대화를 원한다면 TV를 절대로 켜지 마라. 그리고 TV를 보면서 진지한 대화를 나누려고 하지 마라. 대부분 실패한다.

(7) 가족을 사랑하라

아이들을 위해 아버지가 할 수 있는 최고의 방법은 어머니를 사랑하는 것이다. 그리고 어머니가 할 수 있는 최선의 방법은 그 아버지를 사랑하는 것이다. 가족 간에 사랑이 넘치는 그리고 서로의 성장에 도움을 주려는 마음이 흐르도록 하라.

또 다른 중요한 사람들은 당신이 알고 만나고 함께 일하는 사람들이다. 그들이 어떠한 사람인지를 알아야 한다. 그들이 가진 능력과 재능 그리고 꿈, 가치관, 그들이 당신과 함께하는 이유 등…. 그들의 지원과 협력이 없으면 당신은 혼자일 수밖에 없다. 그러면 당신이 이루는 성과도 한정되게 된다. 또한 그들이 당신의 삶에 희생되었다는 느낌을 가져서는 안 된다. 그들이 그렇게 느낀다면 오랫동안 당신 곁에 머물지 않을 것이다.

3) 오랫동안 사람들과 함께하기를 바란다면?

- 사람들은 모두 가치 있는 사람으로 느끼고 싶어 한다. 사람들의 자기 존중감을 키워 주어라. 인정해 주고 칭찬해 주어라.
- 사람들은 격려를 원하고 거기에 반응한다. 격려하고 동기부여 하라.
- 사람들은 자기 동기부여가 되어 있다. 그들을 긍정적인 마음과 시각으로 보라. 그들의 능력을 발휘할 기회를 주어라.
- 사람들은 당신의 영향력을 사기 전에 당신을 먼저 산다. 사람들이 당신을 믿을 때 당신을 따른다. 다른 사람들을 이해할수록 그들을 가르치기가 쉽다.
- 다른 사람들을 개발하는 것을 우선순위에 둬라. 그들의 실수, 잘못을 성장과 발전의 기회로 전환시켜 주어라.
- 모든 사람들을 당신 사람으로 만들 수는 없다. 당신의 비전과 가치관에 동의하고 함께 성장할 수 있는 사람들만이 당신의 사람이 될 수 있고 당신 또한 그들의 사람이 될 수 있다.
- 그들과 함께 일을 하기 전에 관계를 먼저 맺어라. 리더는 성공을 위해서 사람들과의 관계 중요성을 안다. 다른 사람들을 계발할 때 먼저 그들과의 이해 폭을 넓혀라.

- 무조건적인 도움을 주어라. 다른 사람들이 도움이 필요할 때 그들에게
  는 당신이 줄 수 있는 최고의 도움을 주도록 하라. 때로는
  그들이 기대하는 이상의 도움을 주고 절대로 보상을 기대하
  지 마라. 특히 그들이 힘들 때 챙겨 주어라.
- 함께하도록 기회를 주어라. 당신에게 가치 있는 사람으로 역
  할을 하도록 기회를 주어라. 그들이 가진 능력을 발휘해서
  가치 있는 일을 하도록 기희를 주어라. 참여의 기회와 공간
  을 제공하라. 의견을 말하게 하고 인정하라.
- 동기부여를 하라. 성장의 기회와 방법을 제공하라. 그들이
  가진 장점을 발견해서 발휘하도록 기회를 주고, 그들의 성
  취에 대해 인정하고 칭찬하라. 그리고 단점은 덮어 주고 그
  단점으로 인해 손해를 보지 않도록 단점을 관리하는 방법을
  알려 주어라. 스스로가 열정을 이끌어 내도록 하라.
- 그들이 성공하도록 도와주어라. 그들이 당신의 도움으로 성
  공을 하였다면 그들은 서토의 도움이 얼마나 가치 있는 일
  인지를 알게 된다. 그러면 그들 역시 당신의 성공에 도움을
  주는 사람이 되고자 할 것이다.

영업전문가로서 당신은 위에서 언급한 고객과 함께 일하는 법을
배워야 한다. 조직의 다른 동료와 부서 구성원들과도 함께 일하는
법을 배워야 한다. 비즈니스와 관계된 문제들의 대부분은 혼자 힘으
로 해결할 수 없다. 비즈니스에서 달성할 목표 또한 마찬가지이다.

고객의 지원을 끌어내기 위해서는 비즈니스 능력과 인간적인 매력을 함께 갖추어야 한다. 고객을 밀어붙이지 마라. 고객을 가르치려 들지 마라. 고객의 말을 듣는 척하지 마라. 무턱대고 아무 때나 고객을 방문하지 마라. 고객의 입장을 무시하지 마라. 고객이 스스로 구매하도록 하라. 고객의 말을 경청하고 이면을 파악하라. 고객의 시간을 존중해 주고 늘 약속을 하고 방문하라. 고객의 입장과 역할을 존중해 주어라. 고객이 왜 구매해야 하는지에 대한 이유와 근거를 논리적으로 제시하라. 고객의 개인적인 성장에도 관심을 갖고 지원해 주어야 한다.

4) 행동

- 당신의 성공을 돕는 협력자는 누구인가?

____

- 그들의 어떤 도움이 필요한가?

____

- 그들과 관계는 어떠한가?

____

- 그들에게 당신의 비전을 알려 주어라. 그리고 그들의 비전을 파악하라. 두 비전을 조화시켜라.

- 당신의 성장과 그들의 성장을 함께 가져오는 것은 무엇인가?

- 그들의 비전 달성을 위해 당신은 어떤 도움을 줄 수 있는가?

- 그들과의 관계 개선을 위해 당신은 무엇을 하여야 하는가?

23 이야기 스물셋 – 습관이 성공을 결정한다 / 좋은 습관을 가져라

"인생에서 돈을 많이 벌고자 하는 목표를 가진 젊은이가 있었다. 어느 날 그는 꿈을 꾸었다. 그 꿈속에서 신이 나타나 그에게 '당신이 그렇게 원하는 돈을 벌 수 있는 방법을 알려 주겠다. 흑해 주변에 가면 많은 돌이 있을 것이다. 그 돌 속에는 당신이 어떤 물건을 들고 그 물건을 돈이나 보석으로 만들어 달라는 주문만 하면 그 소원을 이루어 주는 마법이 담긴 돌이 있다. 그 돌을 찾아라'라고 말했다. 그가 '바닷가의 수많은 돌 중 그 돌을 어떻게 발견할 수 있습니까?'라는 질문을 하자 신은 '그 돌은 다른 돌과는 달리 따뜻한 온기가 있을 것이다. 당신이 할 일은 그 따뜻한 온기를 가진 돌을 찾는 것이다'라는 대답을 하였다. 꿈에서 깨어난 그 사람은 며칠을 고민한 후 재산을 모두 정리하고 흑해로 출발하였다.

흑해에 도착한 그 사람은 바닷가에 텐트를 치고 해안으로 가서 꿈속의 신이 알려 준 따뜻한 돌을 찾기 시작했다. 그 사람이 처음 집어 든 돌은 무척 차가웠다. 그러자 그 사람은 그 돌을 바닷속으로 던져 버렸다. 한 시간, 매일, 일주일, 한 달, 일 년… 그 사람은 매일 해가 뜨면 바닷가로 가서 돌을 주워 올려 온기를 품고 있는 돌을 찾았다. 온기가 없는 돌은 곧바로 바다로 던졌다. 3년이 지난 어느 날 아침 그는 자신이 그렇게 찾던 따뜻한 온기가 느껴지는 돌을 주워 올렸다. '야! 드디어 마법의 돌을 찾았다!' 외치면서 기쁨을 느끼는 순간 그 사람은 돌을 바다로 던졌다. 애!!! 어떻게 된 일인가! 얼마나 간절히 찾던 돌인데…"

1) 메시지 23

당신이 이야기의 젊은이라면 어떤 심정이 되었을까? 상상조차 하기 싫은 결과일 것이다. 그 젊은이는 바다를 바라보면서 절망에 빠졌을 것이다. 그런데 왜 이런 일이 일어났는가? 그 답은 3년간 매 순간 익혔던 돌을 던지는 습관(차가운 돌을 바다로 던지는)이 그 결정적인 순간에도 어김없이 나타난 것이었다.

성공은 아니, 우리가 원하는 목표를 이루는 가장 기본적인 요소는 우리가 어떠한 습관을 가지고 있는가이다. 습관은 준비를 하도록 한다. 습관은 성공에 필요한 자질을 쌓도록 한다. 습관은 다음과 같이 형성된다. 행동은 경험을 낳고 경험이 쌓이면 그 경험을 가져온 행동을 반복해서 하게 된다. 행동이 반복되면 습관으로 성장한다. 따라서 성공한 사람들은 자신들을 성공으로 이끌어 준 장점과 특징(목표, 계획, 인내, 인간관계, 도전, 열정 등)들을 지속적으로 행동으로 옮겨 자신의 습관으로 만든 것이고, 성공하지 못한 사람들 또한 자신의 성공하지 못하는 특징(포기, 대충 하는 것, 인간관계 깨기, 도전하지 않는 것 등)들을 행동으로 옮겨서 습관을 만든 것이다. 앞의 이야기에서 돌을 바다에 던지는 행동이 습관이 된 것처럼….

결과적으로 성공하는 것과 성공하지 못하는 것은 우리가 어떤 습관을 가지고 있는가에 의해 결정된다. 최근에 당신이 이루고 싶었던 것을 이루었거나, 이루지 못한 경험을 생각해 보아라. 그리고 그러한 결과를 가져온 당신의 행동을 탐색해 보아라. 그 행동이 당신의 습관이 아닌가도 생각하라. 그 습관이 당신에게 계속 붙어 다닌다면 어떻게 될까? 좋은 습관은 당신을 성공(원하는 목표를 달성하는)으로 이끌지만 나쁜 습관은 결코 당신을 성공으로 이끌지 못한다. 만일 당신에게 나쁜 습관이 있음을 알았다면 그 습관을 버릴 방법을 모색하라. 작은 행동부터 바꾸어 보는 것이다. 당장 그러한 행동을 하라.

새로운 습관을 갖는 데는 시간이 소요된다. 한 번의 행동, 한 번의 경험으로 습관이 만들어지지는 않는다. 이 때문에 바람직한 습관을 갖기 위해서는 당신은 투자(인내, 끈기 등)를 해야 한다. 이 대가가 아쉽거나 아까워서 투자를 하지 않는다면 결국 당신의 성공을 보장하는 습관을 쌓는 데 실패할 것이다.

2) 행동

- 당신의 목표를 적어라.

____

- 당신이 가진 습관을 모두 적어 보아라.

\# 시간관리 습관: ___________________________

\# 일하는 습관: _____________________________

\# 인간관계 습관: ___________________________

\# 약속에 대한 습관: _________________________

\# 여유 시간이 있을 때 습관: _________________

\# 남들이 보지 않을 때 습관: _________________

\# 휴식의 습관: _____________________________

\# 휴일의 습관: _____________________________

\# 가족에 대한 습관: _________________________

\# 자기계발에 대한 습관: _____________________

\# 집중하는 습관: ___________________________

\# 새로운 일, 경험에 대한 습관: _______________

\# 구속받지 않을 때의 습관: _________________

- 그중 당신의 성공을 위해 도움이 되는 습관은?

____

- 당신이 버리거나 없애야 할 습관은?

- 새롭게 만들어야 할 습관은?

---

24 이야기 스물넷 - 타인을 계발하고 성장을 지원하라

"넓은 땅과 많은 하인을 가진 농장의 주인이 어느 날 급하게 외출하면서 하인 한 명을 불렀습니다. 구덩이를 두 개 파라고 하고서는 그 사이에 감자를 잔뜩 쌓아 놓고서 '내가 읍내에 가서 일을 마치고 올 때까지 감자를 큰 것과 작은 것을 구분해서 양쪽 구덩이에 따로 넣으라'고 지시하고 외출했습니다. 그날 저녁때가 되어 일을 마치고 집에 돌아온 주인은 구덩이 사이에서 두 손에 감자를 들고 쩔쩔매고 있는 하인을 보고 놀라게 되었습니다. 그리고 구덩이 속을 보고서는 더욱 놀라움을 금치 못했습니다. 양쪽 구덩이에는 감자가 엉망으로 쌓여 있고 크기가 제대로 구분되어 있지 않았습니다. 하인을 보고 이유를 물으니까 하인이 울면서 주인에게 말을 했습니다. '어떤 것이 크고 작은지를 모르겠습니다. 감자를 두 개 들어 올릴 때마다 어떤 기준을 가지고 구분할지를 모르겠습니다'라는 하는 것이 아닌가!"

1) 메시지 24

당신 스스로의 능력을 개발하는 만큼 함께 일하는 동료나 파트너의 능력 개발이 중요하다. 일을 믿고 맡길 수 있는 동료나 파트너가 많을 때 당신은 더 크고 중요한 일을 할 수 있다. 시키는 일만 하는 스스로 판단력과 성과의 기준이 없는 사람과 함께 일하는 것은 성장과 발전에 한계가 있다. 하인이 감자 고르는 일을 제대로 하지 못한 것은 하인에게만 책임이 있는 것이 아니다. 주인이 가진 성과의 기준과 하인이 가진 성과의 기준차이가 있고, 감자의 크기를 정하는 기준을 제시하지 않았으며, 하인이 그전에 그 일을 한 번도 해 보지 않았다면 일을 제대로 지시하지 못한 주인에게도 그 책임이 있는 것이다.

당신이 믿고 일을 맡겼는데 당신이 원하는 성과가 나오지 않았다면 그 사람을 질책하기 전에 ① 그 사람이 그 일을 해결할 수 있는 능력이 있는지, ② 당신과 그 사람이 가진 성과의 기준에 차이가 없는지, ③ 당신이 지시를 제대로 내렸는지를 먼저 생각하라.

다른 사람을 성장시키는 데 1시간을 투자한다면 당신은 하루의 시간을 벌 수도 있다. 함께하는 사람의 개발을 게을리하지 마라.

2) 행동

– 당신과 함께하는 사람의 이름을 적어라.

____

– 그들에게 바라는 당신의 성과기준을 정하라.

____

– 그들이 그 성과를 올릴 수 있는 능력이 있는지를 판단하라.

____

- 그들이 성장을 원하는지를 물어라.

- 그들의 능력을 개발할 시간을 투자하라.

- 그들이 스스로 성장하도록 기회를 주어라(책, 교육 등).

- 그들과 대화를 통해 일의 성과기준을 이야기하고 그들이 좀 더 성장해야 함을 알려라.

- 그들이 성장을 원하면 함께 성장계획을 세워라. 때로는 당신 스스로 그 사람을 코치하고 가르치도록 하라.

제 1 장 영업의 이해

25 이야기 스물다섯 – 준비를 계획하라

젖소 한 마리를 키우고 있는 농부는 매일 아침 젖소로부터 신선한 우유를 짜서 마셨다. 이 농부는 우유를 먹으면서 건강이 좋아짐을 느꼈다. 어느 날 '이렇게 좋은 우유를 나 혼자 먹는 것이 친구들한테 좀 미안하군. 친구들에게도 이 신선하고 몸에 좋은 우유를 나눠 줘야겠군.' 이렇게 생각한 농부는 우유를 나눠 줄 친구를 세어 보니 30명이 되었다. 따라서 이 농부는 '우유가 매일 한 잔씩 나오니까 30잔을 만들려면 30일 동안 우유를 짜지 말아야겠군. 그리고 친구들에게도 30일 후에 모이라고 해야겠군' 하고 생각하고 친구들에게 30일 후 자신의 집으로 모이라는 초대장을 보내고 그날부터 30일 동안 우유를 짜지 않았다. 드디어 무슨 일인지 궁금해하는 친구들이 모인 30일이 된 날 농부는 '내가 젖소를 한 마리 키우는데 매일 우유를 짜서 마시니까 너무나 좋아서 너희에게도 이 우유를 한 잔씩 주기 위해 불렀다. 자! 젖소에게 가서 우유를 먹자' 하고 친구들을 외양간으로 데리고 가서 우유를 짰다. 그런데 우유는 나오지 않고 젖소는 아프다고 우는 것이었다.

1) 메시지 25

30잔의 우유를 만들기 위해 이 농부는 어떻게 해야 했을까? 너무나 분명한 일이 아닌가! 매일 우유를 짜서 보관하였다면 친구들에게 맛있는 우유를 제공할 수 있었을 것이다. 30잔만 생각하고 매일 우유를 짜서 보관해야 한다는 생각은 하지 않은 것이다. 목표만 생각하고 준비와 계획을 세우지 못한 것이다.

우리가 가진 비전과 목표도 다찬가지로 하룻밤에 이루어지지 않는다. 고전에 어떤 소년이 길을 가다 관상을 보는 노인을 만났다. 그 노인은 그 소년에게 "너는 장차 이 나라의 재상이 될 상을 갖고 있군"이라는 말을 하면서 큰절을 하였다, 이 말을 듣고 믿은 소년은 집에 와서 재상의 꿈을 꾸면서 하루하루를 보냈다. 그러나 나이가 들어도 재상을 하라는 이야기가 없는 것이 아닌가? 오히려 가난만 계속되었다. 결국은 소년은 그때의 노인을 찾아가서 "왜 나에게 거짓말을 했습니까? 내 나이가 지금 50인데 재상은커녕 작은 벼슬도 하지 못하고 있는데 당신이 거짓말을 한 것이 아닙니까?"고 하면서 따졌다. 그러자 그 노인은 "그러면 그때 이후로 너는 무엇을 하며 지냈느냐?"고 묻자 남자는 "그때 당신 말을 듣고 너무나 좋아서 집에 있으면서 재상의 꿈을 꾸었죠." "공부는?" 하고 다시 노인이 묻자 "내가 재상이 될 텐데 공부는 왜 합니까?" 그 답을 들은 노인은 "당신은 재상이 될 상을 타고났다. 그런데 그 재상은 그냥 되는 것이 아니다. 당신이 그때 이후로 공부를 매일 하였다면 분명히 재상이 되었을 것이다"라고 답했다.

중요한 것은 매일매일의 실천과 작은 성취들이 쌓여서 큰 목표가 이루어진다. 당신이 꿈꾸는 목표는 어느 날 당신 앞에 떨어지지 않는다. 당신의 노력과 흘린 땀만큼 당신이 원하는 목표가 이루어지고 앞으로 나아갈 수 있다.

영업의 성과 또한 이와 마찬가지이다. 계획을 세우고 가망고객

제
1
장

영
업
의
이
해

을 발굴하고, 상담하고 고객의 거절, 반대를 극복하고서 결과가
나온다. 그리고 시간이 날 때마다 항상 새로운 영업의 기회를 발
굴하고 준비하여야 한다.

2) 행동

- 매일매일 당신의 비전을 위해 실천할 항목을 정하라. 그리고 그
  일을 매일 조금씩이라도 실천하라. 당신의 비전, 목표는(1년)?

가족: ___________________________________

직업: ___________________________________

자기계발: ________________________________

사회생활: ________________________________

레저, 취미: ______________________________

문화생활: ________________________________

건강: ___________________________________

재정: ___________________________________

- 당신의 비전을 달성하기 위해 매일 또는 매주, 매월 해야 하
  는 일?

가족: ___________________________________

직업: ___________________________________

자기계발: ________________________________

\# 사회생활: ____

\# 레저, 취미: ____

\# 문화생활: ____

\# 건강: ____

\# 재정: ____

26 이야기 스물여섯 – 행복을 선물하라

미소는 돈 한 푼 안 들이고도 많은 일을 한다.

주는 사람은 아무리 많이 주어도 가난해지는 법이 없고,

받는 사람은 풍요로워진다.

미소는 순간적이지만

때로는 그 기억은 영원하다.

미소 없이 살아갈 수 있을 만큼 부자도 없고

가난한 이들도 미소를 지으면 조금은 부자가 된다.

미소는

가정에는 행복을

기업에는 신용을 가져다주고

친구 사이에는 암호가 된다.

피곤한 사람에게는 휴식을,

절망한 사람에게는 광명을,

슬픈 사람에게는 햇빛을 주는

자연이 베풀어 주신 고민을 치유하는 명약이다.

그러나 미소는 살 수도, 빌릴 수도, 구걸할 수도, 훔칠 수도 없는
것이다.

왜냐하면 미소가 사라지고 나서야 그 고마움을 깨닫게 되니까.

1) 메시지 26

우리가 인간관계를 맺고 그들에게 우리의 인간적인 영향력을 발휘하기 위한 가장 적은 노력이 들어가고 가장 효과가 크며 기본적인 매력은 미소이다. 미소는 사람들을 행복하게 해 준다. 미소는 미소를 부른다. 당신은 미소를 많이 짓는가? 당신은 자신의 미소가 마음에 드는가? 당신의 미소가 매력적이라는 말을 들은 적이 있는가? 항상 웃으려고 노력을 하는가? 최근에 찍은 사진 속의 당신은 웃고 있는가? 미소를 지을 때 손으로 입을 가리지 않는가?

하루 15초를 웃으면 이틀을 더 산다고 한다. 웃으면 동맥이완을 도와 혈액순환을 원활하게 해주고 혈압을 낮춘다. 웃음과 미소는 스트레스와 분노, 긴장을 누그러뜨려 심장마비와 같은 돌연사를 막는다. 웃으면 면역력이 높아져 감기 같은 감염질환은 물론 암 등 성인병예방에 대한 저항력도 높인다. 사람이 한바탕 웃을 때 인체 근육 650개 중 231개를 움직여 많은 에너지를 소모해 다이어트에 도움이 된다. 환자가 10분 동안 통쾌하게 웃으면 두 시간 동안 숙면을 취할 수 있고, 또 20분 동안 통쾌하게 웃으면 5분 동안 심장의 박동 속도를 두 배가량 빠르게 한다(중앙일보 2004.5.14).

비즈니스를 하는 영업전문가인 당신은 고객의 마음을 행복하게 해 주어야 한다. 상품과 서비스로 고객을 행복하게 만들기 전 당신의 인간적인 매력이 먼저 그들을 행복하게 만들어 주어야 한다.

2) 행동

- 매일 짧은 시간이라도 거울을 보고 미소연습을 하라.
- '김치'보다는 '위스키'가 더 좋다.
- 입꼬리는 최대한 위로 올라가게 입을 크게 벌려서 미소 짓
  는 연습을 하라.
- 자동차를 운전할 때 차 안에서도 연습을 하라.

27 이야기 스물일곱 – 항상 최선을 다하라

최 부자는 오랫동안 자신이 집에서 머슴살이를 한 하인 두 명을 독립시키기로 하였다. 어느 날 최 부자는 하인 두 명을 불러 독립에 대한 말은 하지 않고 내일까지 새끼줄을 꼬아 놓으라는 이야기만 했다.

다음 날 최 부자는 그들 하인에게 "어제 내가 이야기한 새끼줄을 다 만들었느냐?"는 질문을 했고 그들은 "예"라고 대답했다. "그러면 그 새끼줄을 가지고 오느라." 그러자 잠시 후 두 명의 하인은 어제 자신들이 꼬아 놓은 새끼줄을 갖고 왔다. 한 명이 꼰 새끼줄은 아주 정교하고 튼튼하며 가늘고 길었다. 그런데 다른 하인이 꼰 새끼줄은 아주 엉망이고 금방이라도 끊어질 것 같았다.

최 부자는 그들을 바라보고 '나를 따라오너라' 하면서 이제까지 한 번도 열리지 않던 창고 앞으로 가서 창고의 문을 열었다. 그 창고 안을 들여다본 하인들은 깜짝 놀랐다. 창고에는 엽전이 산더미같이 쌓여 있는 것이 아닌가!

최 부자는 "너희 둘이 오랫동안 나와 우리 집을 위해 열심히 일해 왔기 때문에 오늘 나는 너희를 독립시키기로 하였다. 따라서 그동안 수고한 대가를 주려고 한다. 자신에게 필요한 만큼의 엽전을 새끼줄에 엮어서 가져가라!" 이 말을 들은 하인들의 얼굴은 어떻게 변했을까요?

1) 메시지 27

당신은 일을 하는 데 있어서 어떠한 태도로 일하는가? 혹 대충하는 스타일은 아닌가? 다른 누군가의 눈치를 보면서 일에 몰입하는 수준을 결정하지는 않는가? 항상 최선을 다하는가? 지금 어떠한 일을 하든지 그 일의 결과는 어느 정도 시간이 흘러야 나온다. 그때 당신이 기대하는 이상의 성과를 위해서는 지금은 하찮은 일 같이 보일지 모르지만 그 일에 최선을 다해야 한다.

오늘 소개받은 사람 혹은 만난 사람에게 최선의 노력으로 좋은 인간관계를 맺으면 그 사람이 내일 당신 성공의 훌륭한 지원자가 될 수도 있다. 백화점의 점원이 한 노인에게 베푼 친절로 며칠 후 그 노인의 아들(앤드류 카네기)로부터 칭찬과 엄청난 물량의 가구를 주문받은 이야기를 알고 있을 것이다.

당신이 무슨 일을 하느냐가 중요한 만큼 그 일을 어떻게 하느냐도 중요하다. 대충 한 일은 대충의 결과를 가져온다. 그리고 대충의 평가를 받는다. 최고의 평가를 받기를 원한다면 항상 적극적이고 긍정적인 태도를 유지하면서 다른 사람들보다 뛰어난 성과를 올리도록 하라.

지금 상담하는 고객이 당신에게서 물건을 구입하지 않더라도 그에게 최선을 다하라. 그가 더 나은 고객을 소개시켜 줄 수도 있다.

2) 적극적인 태도를 위한 방법

－ 적극적인 기대를 하여야 한다. 즉, 어떤 일을 할 때 그 결과에 대해서 당신이 바라는 결과가 나올 것이라는 기대와 믿음을 가져야 한다는 것이다. 당신이 그 일에서 부정적이거나 소극적인 기대를 한다면 그 결과 또한 그렇게 나올 것이다.

- 적극적인 상상을 하라. 이는 당신 마음속에, 생각 속에 당신이 원하는 결과가 나온 것을 생생하게 바라보아야 한다는 것이다. 우리가 원하는 집을 짓고자 할 때 명확한 청사진을 그리듯이….

- 적극적인 말을 하라. 당신이 하는 말대로 세상은 그렇게 되어 간다. 어떤 일을 하더라도 그 일과 관련되어서는 항상 긍정적인 말을 하여야 한다. 우리가 하는 부정적인 말 속에는 생각과 시각만 바꾸면 긍정의 메시지가 들어 있다. 앞에서 강조하였듯이 어떤 일이 잘못되었을 때 '아쉽다'라는 말을 쓴다. 이 단어를 '아! 쉽다'로 새롭게 볼 수가 있고 불가능이라는 영어단어 'impossible'은 'I'm possible'이라는 의미로 바라본다면 어떻겠는가? 가능성을 의미하는 단어를 찾아서 그런 말들을 항상 하도록 하라. 그러면 당신이 하는 모든 일들은 가능한 일이 될 것이다

- 적극적인 사람과 함께 지내라. 사람들은 자신의 주변에 있는 사람들의 영향을 받는다. 그들의 말 한마디, 행동 하나를 통해서 어쩌면 당신의 행동과 생각에 엄청난 변화를 가져올 수가 있다. 당신 주변에 부정적이고 세상을 불평 속에 살아가는 사람들이 있다면 그들의 영향을 알게 모르게 받아 당신도 그들처럼 될 수 있다. 환경은 우리에게 우리가 알고 있는 것보다 훨씬 더 많은 영향을 미친다. 당신이 만나는 사람들이 어떤 사람들인가는 결국 당신이 어떤 사람이 되는가를 결정한다. 당신이 적극적이고 열정적인 사람이 되고 싶다면

그러한 사람들을 항상 곁에 두도록 하라.

- 적극적인 양식을 쌓아라. 이 말은 항상 긍정적이고 올바른 메시지를 전하는 글을 읽고 교육을 받으라는 것이다. 우리가 쌓은 지식은 우리의 모습을 만드는 데 매우 중요한 역할을 한다. 따라서 당신은 책을 고를 때 너무 슬프거나 부정적인 메시지가 있는 책을 고르지 마라. 항상 긍정적인 메시지를 전하는 책을 읽도록 하라. 만일 당신이 오늘 아침 고객과 중요한 비즈니스 미팅이 약속되어 있다면 출근할 때 나쁜 소식을 전하는 뉴스를 듣지 말고 당신의 에너지를 일깨우는 당신이 좋아하는 음악이나 좋은 내용을 전하는 테이프를 듣도록 하라.
- 적극적인 행동을 하라. 열정적으로 행동하면 열정적이 된다. 힘이 빠진 행동을 하면 열정이 나오지 않는다. 인간은 행동하는 대로 된다.

3) 행동

- 오늘 당신이 할 일의 결과를 기대하라.
- 그 일의 결과가 나온 모습을 상상하라.
- 적극적인 태도를 갖기로 결심을 하고 행동하라.
- 누구를 만나든 당신이 먼저 긍정적인 메시지, 힘을 주는 메시지를 전하라.
- 그리고 적극적이고 열정적으로 행동하고 말을 하라.

28 이야기 스물여덟 – 상대의 욕구를 자극하라 ^{세일즈 혁명}

자신의 사업을 성공적으로 운영해 온 한 사업가가 자신의 가족들이 행복하게 살 집을 새로 구입하기로 했다. 그래서 좋은 경치가 있는 지역에 있는 부동산 업자를 찾아가서 자신이 구입하고 싶은 집에 대해 상세하게 이야기하고 그런 집이 나오면 연락을 달라고 부탁했다.

며칠 후 그 부동산 업자로부터 연락받은 사업가는 부동산업자와 함께 그 집을 구경하러 갔다. 정말로 사업가의 마음에 꼭 드는 집이 아닌가! 그래서 가격을 물어보자 사업가가 지불할 수 있는 가격보다 훨씬 비싼 것이었다.

"가격을 10%만 깎아 주면 이 집을 당장이라도 사겠다"고 사업가가 말하자 그 부동산업자는 "사장님. 저기 큰 나무가 한 그루, 두 그루, 세 그루…" 하며 집 주변의 큰 나무숫자를 세는 것이었다. 사업가는 "그러지 말고 가격을 협상합시다"라고 말하자 다시 그 부동산업자는 "사장님. 저기 큰 나무가 한 그루, 두 그루, 세 그루…" 하며 집 주변의 큰 나무숫자를 세는 것이었다. 사실 사업가가 원하는 집은 집 주위에 큰 나무들이 울창하게 있는 것이었고 지금 보고 있는 집이 바로 그런 집이었다. 따라서 그 사업가는 지금 보고 있는 집이 너무나 마음에 든 것이다. 다시 사업가가 가격을 이야기하자 부동산업자는 또 "사장님. 저기 큰 나무가 한 그루, 두 그루, 세 그루…" 하며 집 주변의 큰 나무숫자를 세는 것이었다. 결국 사업가는 부동산업자가 원하는 가격을 지불하고 그 집을 구입했다.

– 지그 지글러의 『전략, 전술』 중에서

1) 메시지 28

우리는 매일 설득하고 설득당하는 생활을 하고 있다. 당신은 설득을 잘하는 편인가? 아니면 다른 사람에게 설득을 쉽게 당하는 편인가? 둘 다 쉬운 일은 아니다. 설득하려는 사람과 설득당하는 사람 모두가 이익이 나는 결과를 찾아야 하기 때문이다. 설득이 힘든 이유는, 설득을 시도하는 사람은 상대방의 이익을 고려하기보다는 자신의 이익(설득의 목적)만을 생각하고, 설득당하는 사람들의 입장에서는 설득당함으로써 자신이 손해를 입지 않을까 하는 걱정과 두려움이 있기 때문이다.

비즈니스 커뮤니케이션(발표, 보고서, 제안서, 상담, 협상 등)의 목적은 대부분 상대방을 설득하는 것이다. 특히 영업전문가는 고객을 설득하는 능력이 영업의 성과와 목표달성에 직접적인 영향을 준다는 것을 잘 알고 있다.

설득을 잘하는 사람들은 어떤 특징이 있을까? 설득을 잘하기 위해서는 어떻게 하면 될까? 설득은 "상대의 동기를 기술적으로 움직여 자신이 원하는 대로 생각, 판단, 행동하도록 하는 의도적인 시도이다"라고 정의되어 있다. 여기서 세 가지를 생각하여야 한다. 우선 상대의 동기를 파악하는 것이다. 상대가 어떤 것에 자극을 받고, 어떤 보상에 행동하는지를 알아내는 것이 중요하다. 특히 설득당하는 입장에서는 설득당하는 결과가 자신에게 손해 혹은 불이익이 온다면 절대로 설득당하려 하지 않는다. 둘째는 기술적으로 움직여야 하고 의도적으로 시도하는 것은 설득을 잘하

영업완전정복시리즈 1

려면 그만큼 준비를 하여야 한다는 것을 의미한다. 셋째는 자신이 설득의 목적 즉, 상대가 어떤 행동을 하고 반응을 하여야 하는지 명확하게 인식하고 그 메시지를 상대에게 전달하여야 한다.

설득은 높은 수준의 심리와 타인에 대한 이해를 요구한다. 내가 원하는 것만을 이야기하지 마라. 상대가 원하는 것을 찾아 이야기하라. 상대에 대한 정보, 상대가 처한 상황에서 상대의 욕구를 찾아내라.

2) 설득을 위한 방법

- 상대방이 원하는 것이 무엇인지를 파악하라. 이것은 상대의 상황과 목표에서 나온다.
- 거래에서 상대방이 얻을 수 있는 점을 강조하라.
- 자신의 이익보다는 상대방의 이익이 더 크다는 것을 부각시켜라.
- 상대방의 이익은 이번에만 채워 줄 수 있다고 하라.
- 절대로 상대방을 이용하거나 거짓으로 말을 해서는 안 된다 (설사 자신의 이익이 크더라도 이를 작게 표현하는 것이지 사기를 치라는 것은 아니다).
- 때로는 작은 것을 양보하면서 그것이 자신에게 매우 가치 있는 것이라고 말하라.
- 상대방의 양보를 얻을 경우 그것의 가치는 매우 작은 것이라고 말하라.

- 타당한 근거와 믿을 만한 자료를 제시하라.
- 신뢰를 구축해 놓아라.
- 상대방이 빚지게 하라.
- 양보를 할 때는 조금씩 자주 하고 양보를 얻을 때는 한꺼번에 많이 얻어 내라.
- 잠재적인 이익보다는 손실을 강조하라.
- 사회적인 근거를 사용하라.
- 작고 쉬운 약속을 많이 받아 내라.

3) 행동

- 당신이 설득하고자 하는 사람을 잘 파악하라.
- 그들의 욕구를 파악하라.
- 그들이 얻을 수 있는 이익을 정리하라.
- 그들이 얻는 이익을 그들의 머릿속에 상상하도록 이익을 표현하라.
- 그들이 얻는 이익을 책임질 수 있는 능력, 근거, 사례를 보여 주라.
- 당신이 얻는 이익은 최소로 하고 가급적 표현하지 마라.

㉙ 이야기 스물아홉 – 지금이 기회이다

인도의 인더스 강 유역에 넓은 토지를 가진 알리 하패드라는 부유한 농부가 살고 있었다. 그는 넓은 땅과 하인들 그리고 단란한 가정을 갖고 있었기 때문에 행복했다. 어느 날 알리 하패드의 집에 세상을 주유하는 스님 한 분이 찾아왔다. 그 스님은 자신의 여행에 관한 이야기를 하다가 "내가 세상을 돌아다니다 보니 다이아몬드라는 돌이 있더라. 그 돌은 너무나 귀하고 가치가 있어 주먹만 한 다이아몬드 하나만 있으면 알리 하패드 당신이 가진 땅보다 훨씬 넓은 땅을 사고도 남는다"라고 했다. 그러자 알리 하패드는 "세상에 그런 돌이 어디에 있습니까?"라고 반문하자 "내 말을 믿지 못하겠지만 내가 직접 그 돌을 보았고 그 가치를 인정한다"라고 스님이 대답했다.

이야기를 마치고 잠자리에 들어서 알리 하패드는 불행해지기 시작했다. 왜냐하면 자신에게 없는 가치 있는 물건이 있음을 알았고 그 물건을 갖고 싶은 욕망이 생겼기 때문이다. 다음 날 아침 눈을 뜨자마자 알리 하패드는 스님을 찾아가 "그 다이아몬드라는 돌은 어디에 가면 찾을 수 있습니까?"라고 물었다. 그러자 스님은 "왜 그러느냐"라고 되묻자 알리 하패드는 "그렇게 가치 있는 돌이라면 제가 갖고 싶습니다. 어디에 가면 그 돌을 찾을 수 있나요?" 스님은 "하얀 모래가 있고 강물이 흐르는 곳에 가면 그 돌을 찾을 수 있다는 말을 들었다"라고 대답하였다.

그날 이후 알리 하패드는 재산을 정리하고 가족은 친척들에게 맡기고 다이아몬드를 찾아 떠났다. 3년이 지난 어느 날 이탈리아의 나폴리 항 절벽에 남루한 옷차림의 한 사나이가 서 있었다. 세상의 모든 절망을 안은 채 "나는 이제 더 이상 희망이 없다. 내가 찾는 다이아몬드는 어디에도 없었다. 나는 모든 재산을 날렸고 고향으로 돌아갈 수 없다" 하면서 절벽 아래로 몸을 던졌다.

그리고 한때 알리 하패드의 것이었던 농장에 3년 전에 다녀간 스님이 다시 농장을 방문하고 새로운 주인과 거실에서 차를 마시던 중 거실 선반 위에 반짝이는 돌을 보고 "저 돌은 다이아몬드다. 알리 하패드가 돌아왔습니까?" 그러자 새로운 주인은 "알리 하패드는 돌아오지 않았습니다. 그리고 저 돌은 다이아몬드가 아닙니다." 그러자 "무슨 소리입니까. 저 돌은 다이아몬드가 맞습니다. 어디에서 저 돌을 찾았습니까?" 스님이 묻자 "저 돌은 우리 농장을 가로지르는 강가에 가면 엄청나게 많습니다"라고 새 주인은 대답했다.

이렇게 해서 발견된 다이아몬드 광산이 골칸다 광산이다.

— 데니스 웨이틀리의 『성공을 부르는 14가지 셀프 리더십』 중에서

1) 메시지 29

당신이 찾는 다이아몬드는 어디에 있을까? 당신이 원하는 비전과 목표를 달성하는 곳은 어디일까? 그 장소는 새로운 장소가 아니다. 현재 당신이 일하고 생활하는 곳이 바로 당신의 비전과 목표를 찾을 수 있을 것이다. 현재 하는 일에 최선을 다하라. 당신이 가진 능력과 잠재력을 최대한 끌어내어 활용하라. 지금의 기회를 자신의 것으로 만들어야 한다. 현재에서 최선을 다하고 최고가 되면 당신이 원하는 다이아몬드를 찾을 수 있을 것이다.

더 나은 자리에 가고 싶으면 그 자리에 맞는 준비를 하라. 지금 하는 일에서 그 준비를 하여야 한다. 가장 우선적으로 할 일은 지금의 일에서 최고가 되는 것이다. 그러면 더 나은 다른 자리가 온다.

2) 행동

– 현재 하는 일의 장점은?

____

– 현재의 일에서 당신이 활용할 수 있는 기회는?

____

– 현재의 일에서 당신의 비전 달성에 도움이 되는 기회는?

____

– 현재의 일에서 당신의 능력을 최대한 발휘할 수 있는 분야는?

____

– 현재의 일에서 당신이 다른 사람들보다 더 잘할 수 있는 분야는?

____

– 현재의 일에서 최고가 된 당신의 모습은?

____

– 그 모습을 위해 당신이 준비할 것은?

____

– 그 모습을 위해 당신이 사용하지 않고 있는 능력은?

____

 이야기 서른 - 제대로 일하고 올바른 성과를 올려라

"어떤 사람이 고속도로를 가다가 휴게소에 들러 휴식을 취하고 있는데 고속도로를 달리던 트럭이 갓길에 멈추고 인부 2명이 삽을 들고 차에서 내리더니 한 명은 열심히 구덩이를 파고 다른 한 명은 그사이 옆에 서서 기다리다 구덩이가 다 파이자 그 구덩이를 열심히 메우는 것이다. 이렇게 작업을 하고 1~2m를 이동해서 똑같은 작업을 반복하는 것이 눈에 띄었다. 그 사람은 한참을 바라보다 인부들에게 다가가서 물었다. '당신들은 지금 무엇을 하고 있습니까? 한참 동안을 지켜보았는데 같은 일을 반복하고 있네요! 당신들은 누구입니까?' 그러자 인부 중 한 명이 '우리는 고속도로 미화원입니다, 원래 우리는 세 명이 한 조가 되고 나는 구덩이를 파고 다른 한 사람은 나무를 붙들고 이 사람은 구덩이를 메우는 일을 하고 있죠! 그런데 두 번째 나무를 잡는 사람이 오늘 회사 출근을 하지 않아 우리 둘이서 우리에게 주어진 일을 열심히 하고 있는 것입니다'라고 대답하는 것이었다."

– J. 맥스웰의 『네 주변의 사람을 키워라』 중에서

1) 메시지 30

우리는 정말 열심히 일하고 생활한다. 피곤한 몸을 이끌고 정시에 출근하고 늦게까지 일한다. 필자도 그렇고 이 글을 읽는 당신 또한 그러할 것이다. 위의 이야기기 주는 메시지는 간단하다. 열심히 맹목적으로 일하지 말고 제대로 목적의식, 결과의식, 성과의식을 갖고 일을 하라는 것이다.

어떠한 일이든 그 일이 존재하는 이유, 즉 그 일의 가치가 있다. 성과가 없는 일의 노력은 의미가 없다. 성과의 판단은 일을 하는 우리가 아니고 그 일의 결과에 영향을 받는 다른 누군가가 내린다.

식당의 주방장이 완성한 일의 가치(음식의 맛)는 손님이 결정한다. 나무를 심는 일을 하면 일을 하고 난 자리에 새로운 나무가 심겨야 한다. 고객에게 상품을 판매하려면 고객이 그 상품의 가치(자신의 문제해결, 니즈충족 등)를 인정하여야 한다. 영업전문가는 열심히 많은 고객을 만나는 것도 중요하지만, 제대로 된 상담을 하는 것이 더욱 중요하다.

항상 내가 하는 일의 가치를 생각하라. 왜 그 일을 하는지를 생각하라. 그 일의 결과가 어떻게 되어야 하는지를 찾으라. 땀 흘리면서 열심히 했다는 것에 만족하지 마라. 고객의 기대를 채워 주어라. 열심히 일한 것에 대한 올바른 평가를 받고 싶지 않은가?

2) 행동

– 오늘 나의 할 일은?

____

– 그 일과 관계된 고객은?

____

- 그들이 원하는 것은?

____

- 그들이 원하는 것을 위해 내가 할 일은?

____

내가 할 행동은?

____

준비할 것은?

____

- 그들의 기대가 채워짐을 어떻게 알 수 있는가?

____

데일 카네기 코스, 카네기 경영전략, 카네기 리더십, 세일즈 강사
PHD 컨설팅, 경인카네기연구소 소장
중소기업연수원 외부강사
뉴호라이즌 코리아 전임강사
현) 성취동기개발센터 서비스경영연구소 소장
　　한국생산성본부 지도교수
　　한국표준협회 경영전문위원
　　중소기업연수원 사이버튜터
　　한국HRD센터 지도교수
　　GBC 전문위원
　　애니어그램 일반강사

『김 대리 영업의 달인이 되다』(Sales Master Series 1)
『프레젠테이션 마스터 A－Z』(Sales Master Series 2)
『영업달인의 비밀노트』(Sales Master Series 3)
『유능한 리더의 회의운영 노하우』

세일즈
혁명

초판인쇄 | 2011년 5월 6일
초판발행 | 2011년 5월 6일

지 은 이 | 노진경
펴 낸 이 | 채종준
펴 낸 곳 | 한국학술정보㈜
주   소 | 경기도 파주시 교하읍 문발리 파주출판문화정보산업단지 513-5
전   화 | 031) 908-3181(대표)
팩   스 | 031) 908-3189
홈페이지 | http://ebook.kstudy.com
E-mail | 출판사업부 publish@kstudy.com
등   록 | 제일산-115호(2000. 6. 19)

ISBN   978-89-268-2206-7 14320 (Paper Book)
          978-89-268-2207-4 18320 (e-Book)
          978-89-268-2204-3 14320 (Paper Book set)
          978-89-268-2205-0 18320 (e-Book set)

이담 는 한국학술정보(주)의 지식실용서 브랜드입니다.

영업완전정복시리즈 1